だいわ文庫

徳川15代の通信簿

小和田哲男

大和書房

はじめに

江戸幕府の将軍が十五人いたことは、中学および高校の日本史の教科書にも出てくるので周知のことがらといってよい。しかし、その業績となると、初代家康《いえやす》、三代家光《いえみつ》、八代吉宗《よしむね》、そして十五代慶喜《よしのぶ》あたりが取り上げられる程度で、他の十一人はあっさりした扱いとなってしまっている。

しかも、学校教育では政治史中心なので、その人の人柄や人間性といった部分は完全に飛ばされている。そうした歴代将軍十五人の事績も含め、その実像と評価に踏み込んだのが本書である。まさに「通信簿」である。

学校では教えない一人ひとりの将軍の人柄や人間性について補ってくれるのが、小説や映画、テレビドラマなどである。特に、昭和三十八年(一九六三)の『花の生涯』にはじまるNHK大河ドラマには何人もの将軍が登場する。タイトルに将軍名を掲げたものもかなりある。昭和五十八年(一九八三)の『徳川家康』、平成七年

（一九九五）の『八代将軍　吉宗』、同十年（一九九八）の『徳川慶喜』、同十二年（二〇〇〇）の『葵　徳川三代』、令和五年（二〇二三）の『どうする家康』である。

タイトルにもならず、主人公ではないものの、平成二十年（二〇〇八）の『篤姫《あつひめ》』では十三代家定《いえさだ》を堺雅人さんが演じ印象に残っている。印象に残っているという以上に、『徳川家康』の滝田栄さん、『八代将軍　吉宗』の西田敏行さん、『葵　徳川三代』の津川雅彦さんの演技も忘れられない。「家康とはこうだったのではないか」、「吉宗はこうだったにちがいない」と、学校で習う以上に記憶に残っている人も多いと思われる。

私は、そのNHK大河ドラマの時代考証を平成八年（一九九六）の『秀吉《ひでよし》』を皮きりに、同十八年（二〇〇六）の『功名《こうみょう》が辻《つじ》』、同二十一年（二〇〇九）の『天地人』、同二十三年（二〇一一）の『江《ごう》～姫たちの戦国～』、同二十六年（二〇一四）の『軍師官兵衛《かんべえ》』、同二十九年（二〇一七）の『おんな城主　直虎《なおとら》』、令和二年（二〇二〇）の『麒麟《きりん》がくる』、同五年の『どうする家康』まで八作品を担当している。

実は、私が時代考証に興味をもつきっかけとなったのが徳川家康と関ヶ原《せきがはら》の戦いであった。子どものころ、時代劇映画、すなわち「チャンバラ映画」が大好きで、小学校高学年のときには、日曜日ごとに、母におにぎりを作ってもらって、水筒を持って近くの映画館に行き、朝から夕方まで、三本立ての映画を二回ほど観て帰っていた。台詞《せりふ》を覚えてしまうほど熱中していたのである。

その台詞のまちがいというか、おかしなところに気づいたのがきっかけだった。小学校六年生のときか中学一年生のときか記憶は定かでなく、その映画のタイトルも忘れてしまったが、いまでも覚えていることがある。

あるとき、関ヶ原の戦いの場面が出てくる映画を観ていたところ、東軍家康が勝ったシーンで、家康の重臣の一人、家康軍の一員として関ヶ原に参陣していた井伊《いい》直政《なおまさ》か本多忠勝《ほんだただかつ》のどちらかが、「殿、おめでとうございます。これで、徳川三百年の礎《いしずえ》が固まりましたな」という台詞があった。徳川三百年、厳密にいうと二百六十年であるが、思わず、隣にいた友だちに小声で、「何で、関ヶ原の戦いに勝ったとき、徳川幕府が三百年続くことがわかったのだろうか」と声をかけてしまった。

たしかに今、「徳川三百年」といういい方をすることがある。しかし、これは歴史の結果を知っているからであって、関ヶ原の戦いで東軍が勝った時点で、誰も、徳川幕府がそんなに長続きするとは予想できなかったのではないかと考えた。逆にいうと、徳川幕府が三百年しか続かないと予言したことにもなるわけで、考えようによっては家康に失礼なことをいっていることにもなるのである。そんなことがあって、以来、時代劇の映画を観るときには、おかしな台詞がないか、変な場面はないか、耳を澄まし、目を凝らす習慣ができてしまった。

このことは、昭和三十八年からはじまったNHK大河ドラマを観るときにもそのまま継続する。私は、この年の『花の生涯』からNHK大河ドラマは欠かさず観ており、私の子どもたちがある程度ドラマを理解できるようになると、一緒に楽しんだ。しかし、途中でおかしな場面があったり、変な台詞が出てくると、「これはちがうよ」と声を出してしまうので、「お父さんうるさい。だまってて」と注意される始末だった。頼まれもしないのに、家で勝手に時代考証をやっていたのである。

そんな私のところに、NHKから正式に時代考証の依頼があったのは平成八年の『秀吉』のときだった。竹中直人さんがはじめて秀吉役を演じた作品で、以来、前述したように八作品を手がけている。

時代考証の仕事は多岐《たき》にわたっているが、最初に脚本家の方、すなわちシナリオライター、NHKのプロデューサーを交えて大きな流れ、人物の設定などを打ち合わせたうえで、脚本家の方が書いてくるシナリオにまちがいがないかをチェックするのが主な仕事である。たとえば、一例をあげると、最初に担当した『秀吉』のとき、秀吉と蜂須賀小六《はちすかころく》が矢作川《やはぎがわ》の橋の上で会うという設定だったのを、「そのころ、矢作川にはまだ橋は架かっていません」といって訂正を申し入れたり、秀吉が小田原《おだわら》城を攻めたとき、城攻めのための陣城を築くくだりで、「わしはこの石垣山《いしがきやま》に城を築きたいと思う」となっていた台詞に対し、「石垣山という名前は、秀吉がここに総石垣の城を築き、廃城後、建物は朽ちても石垣が残ったので、江戸時代になって石垣山とよぶようになった。元の名前は笠懸山《かさがけやま》です」といって、「この笠懸山に城を築きたいと思う」に直してもらっている。

このように厳密に時代考証をやっていても、私自身オールマイティではないわけで、放送後に視聴者から突っ込まれることもある。常に神経をとがらせるよう心掛けているところである。
これまでのNHK大河ドラマ六十二作品には、タイトルが人名で主人公となっている歴代将軍の他にも、ほんの一部ではあるが顔を出している将軍も多い。それだけ、十五人の徳川家の人間は日本の歴史にとって不可欠な存在だったといえる。いうまでもなく、初代家康がきちんとレールを敷いたので十五代までおよそ二百六十年という長期政権が続いたわけである。中学・高校の歴史の教科書でも、誰がどのようなことをやったのかといった事実関係は取りあげているが、そのことがどういう意味をもったのか、それがその後の歴史にどう影響したのかといった評価に関わる叙述はなされていない。本書によって十五人のそれぞれが果たした役割を見直すきっかけになればと考えている。

小和田哲男

徳川15代の通信簿◉目次

徳川家の略系図

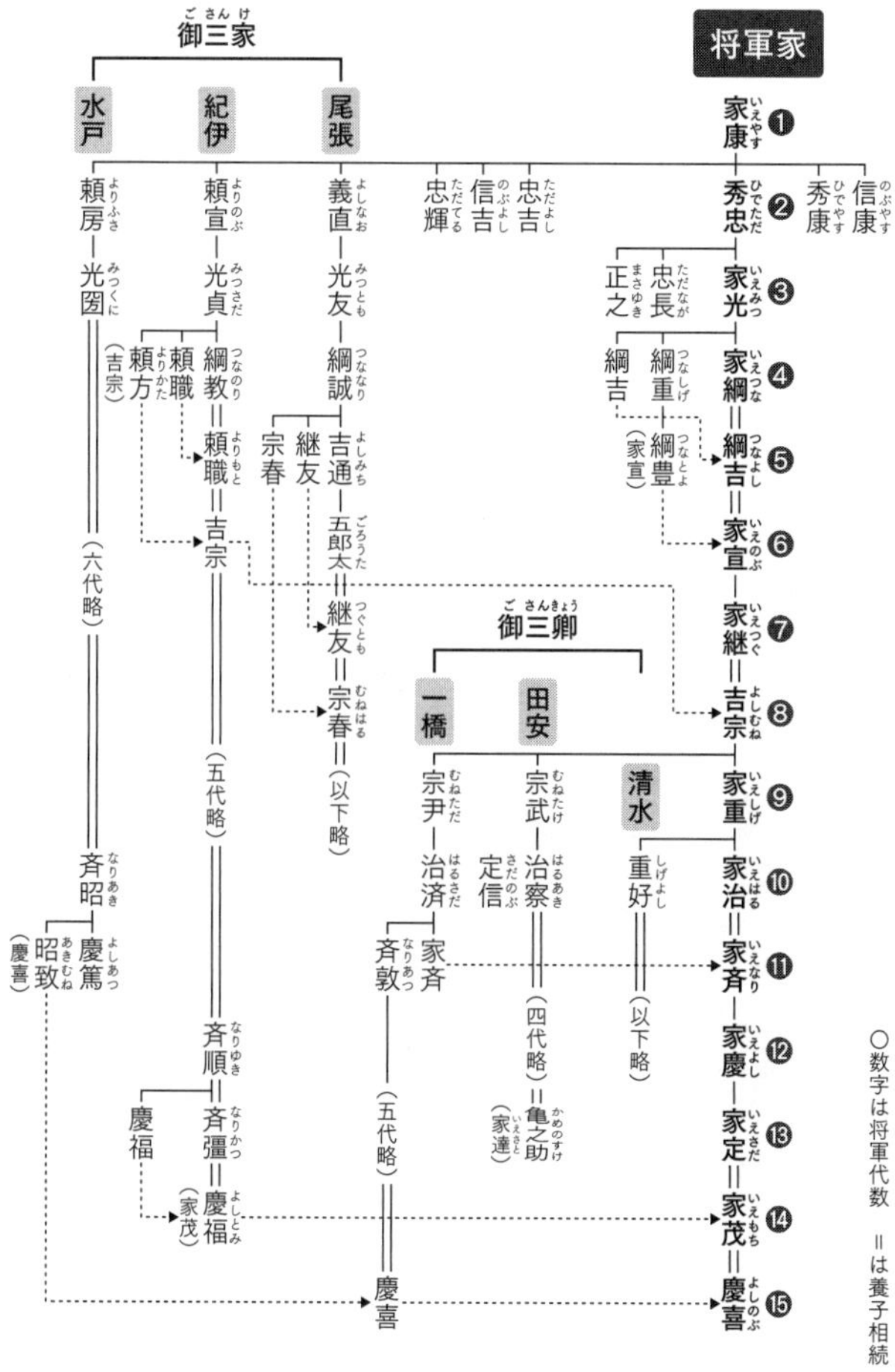
御三家《ごさんけ》
将軍家
水戸
紀伊
尾張
家康《いえやす》 ❶
頼房《よりふさ》
頼宣《よりのぶ》
義直《よしなお》
忠輝《ただてる》
信吉《のぶよし》
忠吉《ただよし》
秀忠《ひでただ》 ❷
秀康《ひでやす》
信康《のぶやす》
光圀《みつくに》
光貞《みつさだ》
光友《みつとも》
正之《まさゆき》
忠長《ただなが》
家光《いえみつ》 ❸
（吉宗）
頼方《よりかた》
頼職
綱教《つなのり》
綱誠《つななり》
綱吉
綱重《つなしげ》
家綱《いえつな》 ❹
頼職《よりもと》
宗春
継友
吉通《よしみち》
綱豊《つなとよ》
（家宣）
綱吉《つなよし》 ❺
吉宗
五郎太《ごろうた》
家宣《いえのぶ》 ❻
（六代略）
継友《つぐとも》
御三卿《ごさんきょう》
家継《いえつぐ》 ❼
宗春《むねはる》
一橋
田安
吉宗《よしむね》 ❽
（五代略）
（以下略）
宗尹《むねただ》
宗武《むねたけ》
清水
家重《いえしげ》 ❾
斉昭《なりあき》
治済《はるさだ》
定信《さだのぶ》
治察《はるあき》
重好《しげよし》
家治《いえはる》 ❿
慶篤《よしあつ》
昭致《あきむね》
（慶喜）
斉敦《なりあつ》
家斉
家斉《いえなり》 ⓫
（四代略）
（以下略）
斉順《なりゆき》
家慶《いえよし》 ⓬
慶福
斉彊《なりかつ》
（五代略）
亀之助《かめのすけ》
（家達《いえさと》）
家定《いえさだ》 ⓭
慶福《よしとみ》
（家茂）
家茂《いえもち》 ⓮
慶喜
慶喜《よしのぶ》 ⓯
○数字は将軍代数　＝は養子相続

初代　家康《いえやす》

三河《みかわ》の小戦国大名・松平広忠《まつだいらひろただ》の長男として生まれ、広忠が今川義元《いまがわよしもと》の保護を受けるために人質として出されたが、はじめの二年間は尾張《おわり》の織田信秀《おだのぶひで》、そのあと今川義元のもとに送られる。

桶狭間《おけはざま》の戦いで今川義元が織田信長《のぶなが》に討たれたあと、今川家から自立し、やがて信長と結び、三河一国を手に入れ、さらに武田信玄《たけだしんげん》とともに今川家を滅ぼし、三河・遠江《とおとうみ》の二ヵ国の大名となる。

松平から徳川に改姓し、信玄に攻められた三方ヶ原《みかたがはら》の戦いでは大敗を喫《きっ》したが、そのあとの長篠《ながしの》・設楽原《したらがはら》の戦いで信長とともに信玄の子・勝頼《かつより》を破り、武田滅亡後は駿《する》河《が》を得て、三河・遠江・駿河の三ヵ国を支配した。本能寺《ほんのうじ》の変後、さらに甲斐《かい》・信濃《しなの》を加え、五ヵ国の大名となる。

豊臣秀吉《とよとみひでよし》の台頭後は秀吉に臣従し、秀吉の天下統一に協力し、豊臣政権の五大老《ごたいろう》の一人となるが、秀吉の没後、慶長《けいちょう》五年（一六〇〇）の関ヶ原《せきがはら》の戦いで、石田三成《いしだみつなり》ら西軍《せいぐん》を破り、三年後、征夷大将軍《せいいたいしょうぐん》に任命された。江戸幕府を開いたが、わずか二年で子・秀忠《ひでただ》に将軍職を譲り、大御所《おおごしょ》として将軍の上に立ち、ついに大坂の陣で豊臣方を滅亡させた。

幼年から苦労を重ねた家康

家康は天文《てんぶん》十一年（一五四二）十二月二十六日、岡崎城主・松平広忠《まつだいらひろただ》の嫡男《ちゃくなん》として生まれている。母は於大《おだい》の方で、幼名の竹千代《たけちよ》は、松平家の嫡男につけられる名で、生まれながらに松平家の命運を背負わされる形であった。

家康が生まれたころの松平家というのは、西三河《みかわ》の小さな戦国大名といった位置付けだった。しかも、東からは駿河《するが》・遠江《とおとうみ》を勢力下におく大戦国大名・**今川義元**《いまがわよしもと》が勢力を拡大してきており、西からは、まだ尾張《おわり》一国を統一はしていないが、**織田信秀**《おだのぶひで》が力を伸ばしつつあった。松平広忠は、この東西二大勢力の狭間で、独立を維持することが困難な事態に追いこまれていたのである。

そのとき、家康の父広忠が選択したのは今川義元であった。結局、松平家は、今川義元の傘下《さんか》に入ることによって、西からの織田信秀の脅威に対処しようとしたのである。

1547年頃の勢力図

※現在の地図を元に作成

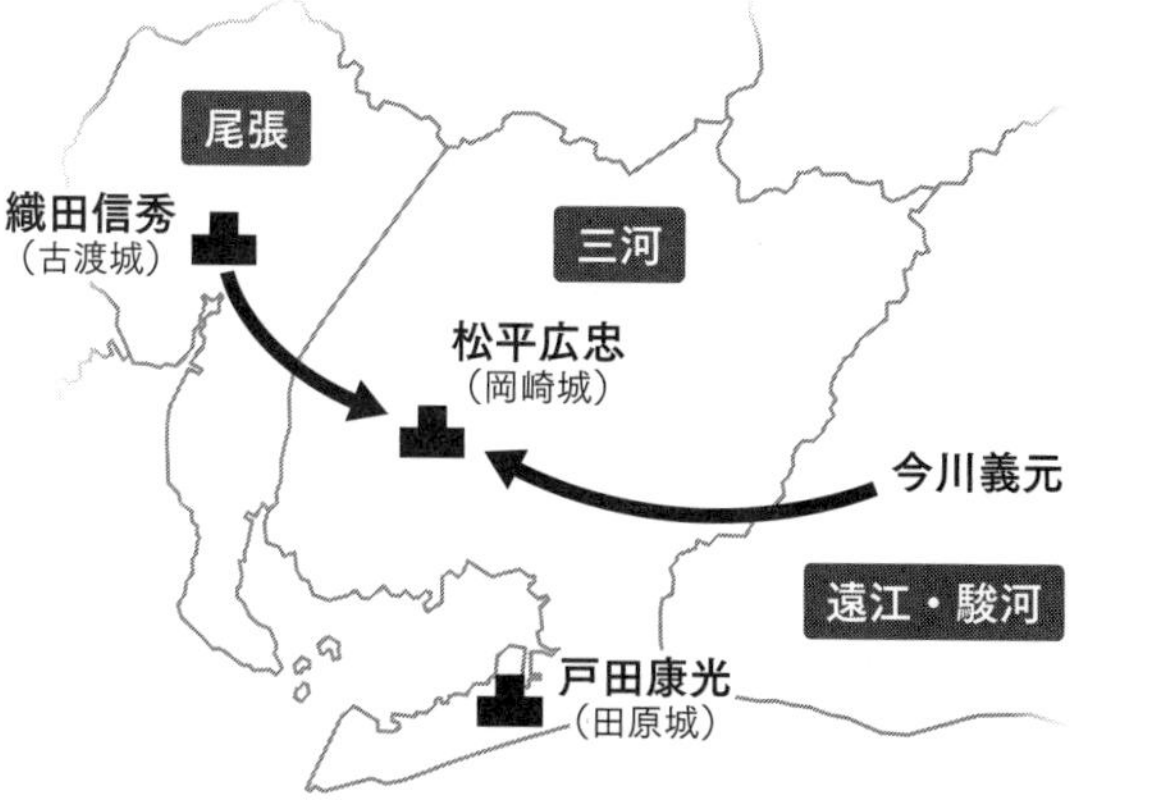

今川義元から、服属の証《あか》しとして人質の提出を求められたとき、広忠は迷うことなく、当時六歳だったわが子竹千代を駿府《すんぷ》に送ることを決めている。広忠が非情だったというわけではなく、これが戦国の世の習いだったからである。

天文十六年（一五四七）八月、駿府に向かう竹千代一行が岡崎を出て田原《たはら》に到着したとき、田原城主・戸田康光《とだやすみつ》の奸計《かんけい》にはまってしまい、駿府ではなく、尾張の織田信秀のもとに連れていかれてしまった。従来は、騙《だま》されて拉《ら》致《ち》されたといわれてきたが、新潟県三《さん》条市《じょう》の「本成寺文書《ほんじょうじ》」日覚書状によって、騙されたのではなく、広忠が信秀と戦って負けたので、広忠から竹千代を信秀に差し出したという伝聞があったことから、その可能性も指摘されている。

結局、このあと二年間、竹千代は信秀の人質として尾張に抑留《よくりゅう》されることになる。その二年後の天文十八年（一五四九）、広忠が亡くなった。家臣に殺されたとも、病死ともいわれているが、松平一族のなかには織田信秀に通じている者もおり、「竹千代が尾張にいる以上、織田方についたほうがよい」という空気も生まれていた。

そうした空気を察した今川義元の軍師・**太原崇孚**《たいげんそうふ》、すなわち雪斎《せっさい》が竹千代奪回作戦を考え、実行に移している。

当時、信秀の長男で、信長《のぶなが》の兄にあたる信広《のぶひろ》が、織田方の三河における最前線の支城である安城《あんじょう》城の守りについていたが、雪斎はその安城城を攻め、信広を生け捕りにして、竹千代との人質交換を申し出ているのである。こうして、竹千代は八歳で、あらためて今川義元の「人質」として駿府に送られることになった。

よく、「**家康の忍耐力は、駿府での十二年間の人質時代に培《つちか》われた**」といって、悲惨な人質時代とされるが、ふつうの人質とはちがっていた。どちらかといえば優遇された人質だった。そのため、私はわざわざカッコをつけて「人質」と表現している。

優遇されていたことの一つは、義元の軍師・雪斎が竹千代の教育に当たっていたことである。雪斎が亡くなるのは弘治《こうじ》元年（一五五五）なので、家康が雪斎から教えを受けたのは八歳から十四歳ぐらいまでの六年間ほどであるが、人間形成にとって大事な少年時代の六年間を、雪斎という大人物から軍学の基礎、そして、人の上に立つ者のつとめ、すなわち「帝王学」を伝授されたことは、その後の家康の一生に相当プラスになったのではないかと思われる。

優遇された二つ目は、元服《げんぷく》*1にあたって、義元の偏諱《へんき》を与えられ、はじめ元信《もとのぶ》、ついで元康《もとやす》と名乗ったことである。主君の名乗りの一字を与えられることは、いって

*1　男子が成人したしるしとして、冠（または烏帽子）や特定の衣服をつけ、名をあらためること、またその儀式。

みれば重臣《じゅうしん》の証明で、ふつうの人質には考えられないことである。

そして三つ目が、義元の姪《めい》と結婚していることである。義元の重臣・関口氏純《うじずみ》の娘・瀬名姫《せなひめ》と結婚しているが、系図上、この瀬名姫は、義元の妹の娘、すなわち姪にあたる。これもふつうの人質ではありえないことである。

桶狭間からの知らせ

さて、その家康は、「人質」時代に初陣《ういじん》を経験している。永禄《えいろく》元年（一五五八）二月五日、家康は十七歳で、三河国賀茂《かも》郡寺部《てらべ》城の鈴木日向守重辰《ひゅうがのかみしげとき》を攻め、初陣を勝利で飾っている。

おそらく、その後、何事もなければ、家康は一生、今川家の一門格の重臣として、義元のために戦い、義元の死後は、その子・氏真《うじざね》の補佐役のような形で過ごしたであろう。義元が雪斎を家康につけたのは、将来、家康が氏真の補佐役になることを

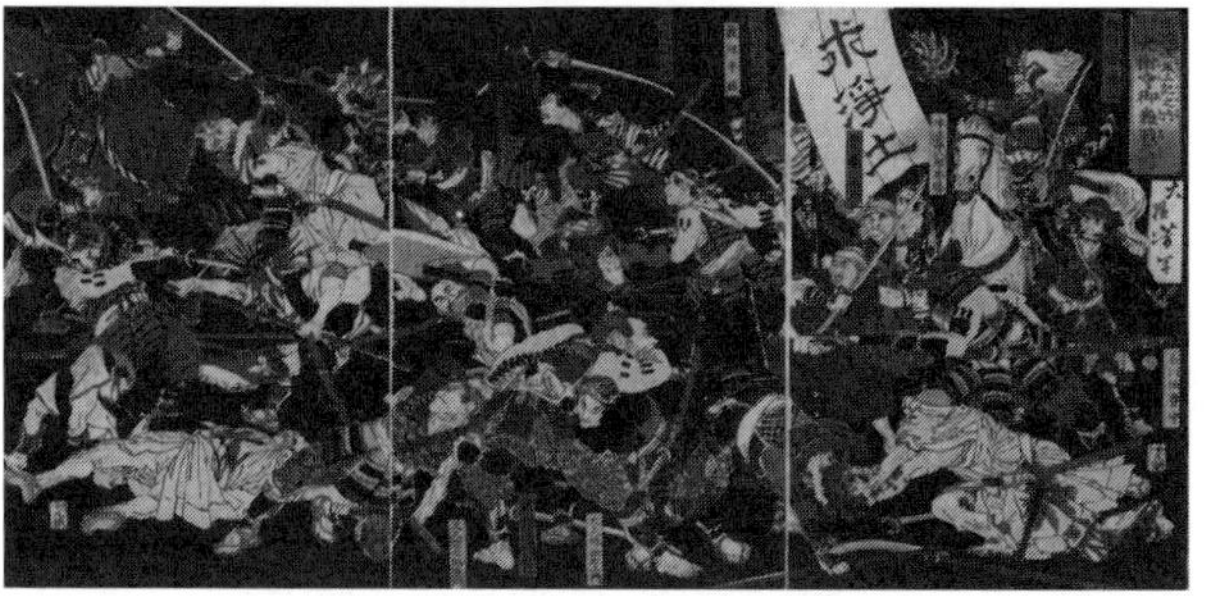

三河後風土記之内 大樹寺御難戦之図／岡崎市立中央図書館所蔵

見込んでのものだったと考えられるのである。

ところが、永禄三年（一五六〇）五月十九日の、**桶狭間《おけはざま》の戦い**における義元の死によって、家康の人生はガラッと変わることになった。

桶狭間の戦いの日、家康は大高《おおだか》城への兵糧《ひょうろう》入れをなしとげ、織田方の丸《まる》根《ね》砦《とりで》を落としたあと、大高城の守りを命ぜられている。このことが家康には幸いした。もし、そのまま義元の近く、桶狭間にいたら、義元と共に信長に討たれていた可能性が高いからである。

家康は、その日、大高城で今川義元の到着を待っていた。ところが、予定の時刻になっても姿がみえない。そればかりか、「義元様が途中で信長の奇襲を受け、討ち死にしたらしい」という噂《うわさ》も入ってきた。当時、嘘の情報を流し、相手を攪乱《かくらん》するのは戦略となっていたので、家康は「嘘を信用するな」と守りを固めていた。しかし、薄暗くなっても到着しないため、物見《ものみ》を出したところ、桶狭間のあたりで、今川の兵が討ち死にしているという報告を受け、噂が本当だったことを知ることになる。

家康はその夜はそのまま大高城に籠城《ろうじょう》する形となった。すると、その夜、家康の生母於大の方の兄・水野信元《のぶもと》から、桶狭間で義元が信長に討たれたことの報告と、早く岡崎にもどったほうがよいとの忠告があり、翌日、家康は岡崎にもどっている。

はじめ家康は、岡崎城には入らず、松平家の菩提《ぼだい》寺である大樹《だいじゅ》寺に入り、前途をはかなんでその墓前で切腹しようとしたという。そのとき、住職の登誉《とうよ》上人《しょうにん》が切腹を押しとどめ、「**厭離穢土**《おんりえど》」「**欣求浄土**《ごんぐじょうど》」の八文字を家康に与え、家康はその八文字を旗印にしている。

岡崎城から今川の兵が引いたのを見届けたあと、家康は岡崎城に入った。岡崎城に復帰を果たしたあと、家康は氏真に弔《とむら》い合戦を勧めたという。しかし、氏真はそれまで実戦の経験がほとんどなく、また、桶狭間の戦いで名だたる重臣のかなりの人数が討ち死にしてしまっていたということもあり、その敗戦ショックから立ち直れず、弔い合戦を仕掛けることなど考えられない状態だったのである。

そのようなところに、水野信元から「信長と組まないか」という誘いがあった。そのころ信元は信長の重臣の一人となっていたのである。

運命を決めた選択

これは、家康にとって悪い話ではなかった。しかし、問題もあった。そのころ、妻の瀬名姫（のちの築山殿《つきやまどの》）と長男・竹千代（のちの信康《のぶやす》）、それに長女の亀姫《かめひめ》の三人がまだ駿府にいたからである。「家康が織田方に寝返った」という情報が入れば、この三人は人質に取られる形になる。瀬名姫は亡き義元の姪という係累《けいるい》から、殺されはしないにしても、家康のもとにもどされる可能性はない。信康・亀姫の二人に関しては殺されるかもしれない。まさにうしろ髪を引かれる思いであったろう。

また、それだけではなく、駿府の家康邸にいる家臣たちの命も危ないし、吉田城《よしだ》（愛知県豊橋市）には、家康の重臣たちの妻子が人質となっており、その命の危険も生まれてくる。家康は迷いに迷ったと思われる。

そして、出した結論は、**「今川氏真と手を切り、織田信長と結ぶ」**というものであった。氏真の将来性と信長の将来性を天秤《てんびん》にかけたとき、「信長の将来性にかけてみたい」と考えるようになったものと思われる。このあたりにも、家康の先見性のたしかさをみることができる。

では、家康が氏真と手を切る決意をしたのはいつのことなのだろうか。手切れの宣告をした文書などが残っていれば別であるが、それがないので、その後の家康の軍事行動から追っていくしかない。現在までのところ、家康が三河にいる今川方部将を攻めたという例で一番早いと思われるのは、永禄四年（一五六一）三月、板倉重定《しげさだ》を攻めたときである。したがって、その年の二月末ぐらいには態度を決めたのであろう。

正式な信長との同盟は、翌永禄五年（一五六二）正月十五日のことといわれている。この日、家康が信長の居城である清須《きよす》城を訪ね、斡旋《あっせん》者である水野信元をまじえ、三人で起請文《きしょうもん》をとりかわし、その起請文を焼いて灰を神水にとかし、三人で飲んだという。

もっとも、一説には、このとき信長は、起請文に使う牛王宝印《ごおうほういん》の紙を用意しておらず、手もとにあった紙に「牛」という字を書き、それを三つに裂いて神水に浮かべて飲んだというエピソードも伝えられている。形式にこだわらない信長らしいやり方である。

ただ、このとき、家康が果たして清須城に赴《おもむ》いたかどうかについては疑義が出されている。とはいえ、このあと、家康と信長は清須同盟という形で固い絆で結ばれることになり、それは、天正《てんしょう》十年（一五八二）六月二日、本能寺《ほんのうじ》の変で信長が死ぬまで破られることがなかったのである。

家康は今川氏真と手を切ると同時に、今川領だった三河の切り崩しにかかる。ちなみに家康がそれまでの元康から**家康へと名乗りを変えた**のは永禄六年（一五六三）七月六日のことであった。義元の〝元〟の字を捨てたわけで、これで完全に今川家とは手を切る形となった。

三河一向一揆に手を焼く

ところが、家康が今川家と手を切り、独立的な動きを取りはじめたとたん、思わぬ抵抗に直面することになった。それは、予想された今川方からの反撃ではなく、何と、自分の足元の一向宗《いっこうしゅう》寺院の抵抗であった。家康は**三河一向一揆《いっき》**との戦いに全力を投入しなければならなくなったのである。

一揆蜂起《ほうき》の理由で通説とされているのは、家康の家臣、佐崎《ささき》城主の菅沼定顕《すがぬまさだあき》が一向宗、すなわち浄土真宗《じょうどしんしゅう》の寺院である上宮寺《じょうぐうじ》から糧米《りょうまい》を強制的に徴収したことに対し、門徒たちが反発したからだといわれている。

もっとも、これには異説もあって、愛知県安城《あんじょう》市野寺《のでら》町にあるやはり一向宗寺院本證《ほんしょう》寺の境内《けいだい》で商いをする商人・鳥居浄心《とりいじょうしん》と、家康家臣との間の紛争が火種になったものともいう。

いずれにせよ、これまで一向宗寺院に対し優遇政策をとってきた今川氏路線から、家康色を打ち出したとき、既得権を守ろうとする一向宗寺院側の猛反発にあったというのが、このときの蜂起《ほうき》の真相であった。

しかも、単なる一向宗の一揆という性格ではなく、東条《とうじょう》城主の吉良義昭《きらよしあきら》、八面《やつおもて》城主の荒川義広《あらかわよしひろ》、上野城主の酒井忠尚《さかいただよし》ら、反家康方の武将たちとの連合という性格もあった。

この三河一向一揆との戦いが、家康にとって思いのほか苦しい戦いとなったのは、反家康勢力を相手にしたこととともう一つ、**自分の家臣のなかに一向宗門徒が多数いた**からである。のちに〝家康の懐刀〟などといわれる本多正信《ほんだまさのぶ》なども、このときは一揆側であった。

戦いは永禄六年九月から翌年二月末まで続いた。その間、家康自身も銃弾を二発うけるという激戦がくりひろげられたのである。

そして、注目されるのは、この三河一向一揆鎮圧の戦いが、同時に家康による西

三河平定の戦いでもあったという点である。

家康は、三河一向一揆を鎮圧した勢いで東三河に駒を進め、その年、すなわち永禄七年（一五六四）六月二十日、酒井忠次《ただつぐ》に命じて三河吉田城を攻めさせている。吉田城を守っていた氏真の家臣・大《おお》原資良《はらすけよし》は城を守ることができず撤退し、城は家康の手に入った。このように、家康は三河一向一揆を征圧してわずか四ヵ月たらずのうちに東三河の征圧にも成功し、ここに、晴れて三河一国の大名となったのである。

岡崎城を重臣の石川家成《いえなり》にまかせ、吉

田城を同じく重臣の酒井忠次にまかせ、石川家成を「西三河の旗頭《はたがしら》」、酒井忠次を「東三河の旗頭」として、その下に国衆《くにしゅう》を付属させる軍事組織を作っている。この二つに、本多忠勝《ただかつ》・榊原康政《さかきばらやすまさ》ら「旗本先手役《はたもとさきてやく》」を加え、「三備《みつぞなえ》」とよばれる強力な軍団が組織された。*2

さらなる飛躍を誓い徳川姓に改姓

永禄九年（一五六六）も押しつまった十二月二十九日、家康は勅許《ちょっきょ》をえて、それまでの松平から徳川に姓を変えている。この改姓について、「将来、将軍になることを考えた布石である」といわれることがあり、これも、家康が先見の明にすぐれ

*2 家康の側近として仕えた武将のなかでも、特に功労のあった酒井忠次、本多忠勝、榊原康政、井伊直政は「徳川四天王」と称された。

ていた証拠とされたりする。

たしかに、当時、〝**源平交代思想**《げんぺいこうたいしそう》〟といわれるものがあって、「信長は平氏だから、そのつぎは源氏だ」ということで、源氏である徳川に改姓したとされることもある。しかし、これは結果からの類推であって、事実とは考えられない。では、このときの改姓のねらいは何だったのだろうか。

結論からいえば、家康が三河一国を実質的に支配した段階で、名目もほしいと考えるようになったからではないかとみている。つまり、三河守《みかわのかみ》に任官してもらい、名実ともに三河の支配者として君臨したいと考えたのである。

そのころまで、家康の官途名は蔵人《くろうど》で、位階《いかい》はついていない。三河守は律令制《りつりょうせい》下の官位《かんい》相当表[*3]によると位階は従五位下《じゅごいのげ》であり、叙位《じょい》のためには、従来の松平のままでは不可能だったからである。源氏か平氏か藤原氏か橘《たちばな》氏か、とにかく「天下の四姓《しせい》」といわれる〝**源平藤橘**《げんぺいとうきつ》〟のどこかにつなげなければ従五位下三河守の官位はもらえなかったのである。

そこで家康は、賄賂《わいろ》を使って朝廷の高官を動かし、**清和源氏**《せいわげんじ》[*4]になろうとした。なぜ、平氏ではなく、藤原氏でもなく、ましてや橘氏でなかったかといえば、家康の祖父松平清康《きよやす》が、一時、清和源氏新田《にった》流の世良田《せらだ》という姓を名乗ったことがあったからである。

ただ、このときは、源氏の徳川ではなく、藤原氏の徳川ということにされ、この姓となっている。その証拠に、このあと、家康の署名した文書に「**藤原朝臣《あそん》徳川家康**」と書かれたものが何通かある。

こうして名実ともに三河の支配者にのしあがった家康であるが、戦国大名の宿命で、それにとどまっているわけにはいかなかった。領土を拡張し、拡張したところを家臣たちに恩賞として与えることによって、家臣がついてきたからである。

＊3　国の仕事に従事する職をさす「官職」と、長らく官職にあった人や功績のあった人に与えられ段階的に昇進する位をさす「位階」のこと。

＊4　天皇の皇子のうち、皇太子になれない皇子に姓を与え、家臣とすることを臣籍降下《しんせきこうか》という。清和天皇は源姓を子孫に与えた。それらを清和源氏という。

西には同盟者・信長がいるので、西に領土を拡張するわけにはいかない。また、北の信濃《しなの》は武田信玄《たけだしんげん》領であり、そのころ、信玄と信長は同盟関係にあったので、北に進むこともできない。南は海なので、家康は必然的に東、すなわち遠江に出ていくしかなかった。

家康によって三河は切り取られたものの、今川氏真は何とか、駿河・遠江の二ヵ国は守りぬいていたのである。ちょうど同じころ、信玄はそれまでの北進策、つまり、上杉謙信《うえすぎけんしん》と戦うやり方をあきらめ、南進策に転じようとしており、信玄と家康の思惑がそこで一致した。「同時に今川領に攻め込もう」というのである。これを**「駿遠《すんえん》分割領有の密約」**などとよんでいるが、果たして、伝えられるように、「大井川を境にして、遠江は家康、駿府は信玄」というように約束されていたかどうかについては疑問がないわけではない。このあと、信玄の軍勢が大井川を越えて軍事行動を展開したりしているからである。

ただ、この密約に沿って、実際、永禄十一年（一五六八）十二月、信玄が駿河に攻め込むと同時に家康も遠江に攻め込み、翌十二年五月に、掛川《かけがわ》城に逃げ込んでいた今川氏真を降伏させ、その時点で、家康は三河・遠江二ヵ国の大名となったのはたしかである。

散々の敗北を喫した信玄との一戦

領国が遠江にまで広がったことで、それまでの家康の居城・岡崎城が、領内全体からみて西に寄りすぎる結果となった。そこで家康は、居城を岡崎城から遠江のどこかに移すことを考えた。

このとき、最初に家康が候補地としてあげたのは、遠江の国府があったところ、つまり、政治上の中心地だった見付《みつけ》である。それが城之崎城という城で、実際、築城《ちくじょう》にかかっている。ところが、築城開始のころから、信玄との関係が微妙になってきたのである。「もし、信玄と戦うようなことになれば、天竜川が背後にあるのは危険だ」と考えた。つまり、「背水の陣」になってしまうわけで、それは避けたいと考えた。

そこで、天竜川より少し西、引馬《ひくま》（曳馬・引間）の地に城を築くことになった。引馬に今川氏の支城・引馬城があったからである。引馬城をとりこみ、それを拡大する形で新しい城ができた。家康は、「馬を引く」、つまり敗北を意味するとしてその地名を嫌い、そのあたりが浜松荘という荘園だったことにより、城名を**浜松城**としている。

なお、これまで、家康時代の浜松城には石垣が積まれていなかったといわれてきたが、最近の研究で、石垣を積んでいたことがわかってきた。

そして、この浜松城に武田信玄が攻めかかってきた。元亀《げんき》三年（一五七二）十二月二十二日の**三方ヶ原《みかたがはら》の戦い**である。

信玄は二万五千の大軍を率いて遠江に侵攻している。従来は、甲斐の躑躅ヶ崎《つつじがさき》館《やかた》から信濃に出て、天竜川筋を南下し、信濃・遠江国境の青崩《あおくずれ》峠・兵越《ひょうごし》峠を越えて遠江に攻め込んできたといわれてきたが、最近の研究では甲斐から富士川沿いを南下し、駿河に入り、大井川を越えて遠江に侵攻してきたとされている。

このとき、浜松城の家康は兵八千ほどで、信長からの援軍が三千なので、合わせて

浜松城

一万千ほどである。武田軍は、前哨戦《ぜんしょうせん》の一言坂《ひとことざか》の戦いで徳川軍を破り、浜松城の支城・二俣《ふたまた》城を落とし、浜松城に迫った。しかし、武田軍は浜松城には向かわず、城の西北の三方ヶ原という台地に布陣した。浜松城に籠城された場合、落とすのに時間がかかると判断したからである。信玄の**家康おびき出し作戦**である。

　家康がこのとき、浜松城から飛び出さなければ、将兵に犠牲者を出さずにすんだはずである。にもかかわらず飛び出していってこっぴどい大敗北を喫《きっ》している。八千の兵のちょうど一割にあたる八百の兵を失っているのである。このことにかかわって、以前から、「三十一歳という若さによる若気のいたり」などといわれることもあったが、そうではなく、「信長との同盟関係を維持するためには、信玄をここでくいとめなければ」という思いがあったのではないかと思われる。

この時期、同盟者・信長は、浅井《あざい》・朝倉《あさくら》を敵とし、また、大坂本願寺（石山本願寺）の指令によって各地で蜂起した一向一揆とも戦っており、それに武田軍が加われば、信長だって危ない事態が予想されたわけで、家康は、負けるとわかっても、信長を守るために信玄に挑んでいったものと思われる。

主従関係に近かった信長との同盟

脅威だった信玄が病死したあと、武田家の家督《かとく》は四男の勝頼《かつより》が継ぎ、武田対徳川の戦いの構図はそのまま続いている。天正《てんしょう》三年（一五七五）五月の**長篠《ながしの》・設楽原《したらがはら》の戦い**のときには信長が三万の大軍を引き連れて応援にかけつけ、そこで武田軍を破っている。信長との同盟があったから勝てた戦いである。

しかし、その同盟を維持するためには、家康として、いくつもの苦難を乗り越えなければならなかった。最大の苦難が家康を襲ったのは、天正七年(一五七九)七月であった。家康の長男・信康はその年二十一歳になっていた。清須同盟が結ばれるときの約束によって、信長の娘の徳姫《とくひめ》が信康のところに嫁《とつ》いでいたのであるが、夫婦仲があまりよくなかったらしい。

徳姫が、夫に対する不満を父信長に洩《も》らしたのがそもそもの発端であった。徳姫から信長に、信康の素行について十二ヵ条の訴えがあったといわれているが、今日、そのときの訴えに該当する史料はなく、真相は不明である。

信長から詰問《きつもん》があり、その弁明の使者として信長のところに送られたのが家康の重臣筆頭ともいうべき酒井忠次であった。ところが、忠次は信康を弁護しきれなかったのである。これまでの通説は、そのとき信長から、「信康を自害させ、母築山殿を斬れ」といわれ、信長の命令ということで、家康は信康を切腹させ、築山殿を暗殺したというものであった。

同盟といっても、このときの信長と家康の同盟は対等の関係ではなく、ほとんど主従関係に近い同盟だったので、家康も信長の命令に従わざるをえなかったとされてきた。

ところが、この信康事件に関して、そうした通説を見直す動きが出てきている。信長から、「信康を自害させよ」という命令は出ていなかったというもので、信康切腹、築山殿殺害は**家康の指示だった**というのである。酒井忠次ら、家康直属の浜松家臣団と、若い信康を中心とした岡崎家臣団の軋轢《あつれき》がこの信康事件の真相だとする。

それはさておき、天正十年（一五八二）三月の信長による武田討伐のとき、家康は駿河から甲斐へ攻め込む部署を担当し、武田一族の穴山梅雪《あなやまばいせつ》を誘降することに成功し、武田氏を滅亡させたあとの論功行賞《ろんこうこうしょう》では、新たに武田領だった駿河が家康に与えられている。同盟者として与えられたという側面もあるが、このような新恩給与は主従関係の場合、主君が家臣に与えるものなので、このことからみると、同盟関係はより主従関係に近いものになったと考えられる。

ここにおいて、家康は**駿河・遠江・三河三ヵ国の大名**となった。かつて、自分が「人質」とされていた今川義元の版図《はんと》をそっくりそのまま引きつぐ形である。この

神君伊賀越え

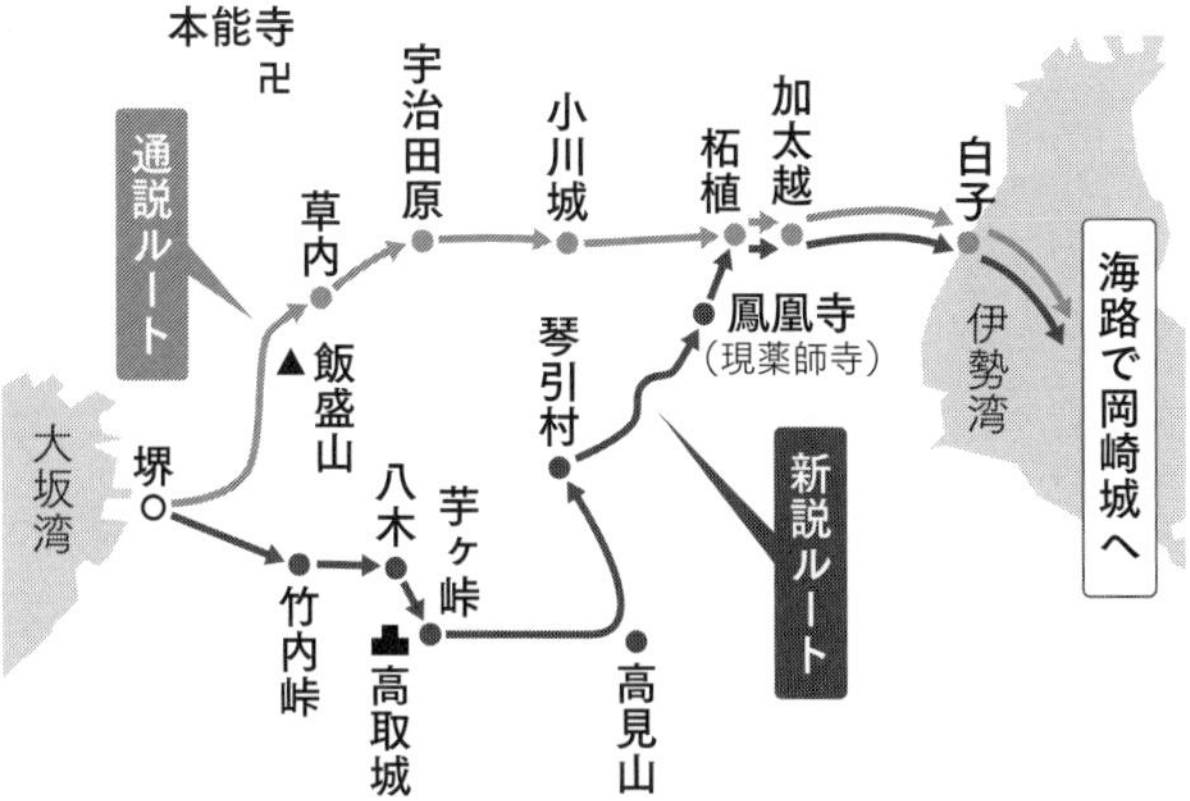

ときの家康の感慨はどのようなものだったのだろうか。

ところが、そうした余韻にひたっている間もなく、大事件が勃発《ぼっぱつ》した。六月二日に**本能寺《ほんのうじ》の変**がおき、信長が明智光秀《あけちみつひで》に殺されてしまったのである。

秀吉の下で力を蓄える

本能寺の変のとき、家康はわずかな供を従えただけで和泉国《いずみのくに》の堺に遊んでいた。そこから三河にもどるわけであるが、「**神君伊賀越え**《しんくんいがごえ》」といわれる必死の逃避行を敢行することになる。伊賀だけでなく、近江の甲賀《こうか》も通っていることから、「甲賀・伊賀越え」ともいわれるし、大和を通った可能性も指摘されている。

このとき、途中まで同行していた穴山梅雪が殺されていることからも、いかにきびしい逃避行だったかがわかろう。

三河・岡崎城にもどった家康は、すぐ明智光秀を討つための軍を組織し、尾張まで出陣したが、そこで、**羽柴秀吉**《はしばひでよし》が山崎の戦いで光秀を討ったことを知らされ、それ以上の進軍をやめ、兵をもどしている。頭の回転の速い家康のことなので、秀吉が信長の後継者として浮上してくるであろうことを読んだものと思われる。急遽、兵を反転させ、甲斐・信濃へ進軍しているのである。

家康は、「将来、秀吉に対抗するためにも自分の力を大きくしておく必要がある」と考えた。甲斐・信濃が信長の死によって混乱しているという情報を得て、その鎮圧に向かったのである。同じような考えをもって甲斐に進軍してきた北条氏政《ほうじょううじまさ》・氏直《うじなお》父子とは衝突して戦いとなったが、持ち前の外交戦略を駆使し、自分の娘の督《とく》姫《ひめ》を氏直に嫁がせることで北条氏とは同盟を結び、結局、甲斐・信濃両国を手中にすることに成功した。ここにおいて家康は、それまでの駿河・遠江・三河に甲斐・信濃を加え、五ヵ国の大大名となったのである。

一方、そのころの秀吉は、天正十一年（一五八三）四月の賤ヶ岳《しずがたけ》の戦いで柴田勝家《かついえ》を破り、信長後継者としての立場を不動のものとしつつあった。

この賤ヶ岳の戦いのときまでは、家康も秀吉の行為を好意的にみていた。そのことは、賤ヶ岳の戦いの直後、当時、家康の手もとにあった名物茶器「初花肩衝《はつはなかたつき》」を戦勝祝いとして秀吉に贈っていることからも明らかである。

ところが、そののち、秀吉が信長の三男・信孝《のぶたか》を自殺に追いこんだあたりから警戒の念を強め、ついに翌天正十二年（一五八四）には信長の二男・**信雄**《のぶかつ》と結んで秀吉と戦っている。これが**小牧《こまき》・長久手《ながくて》の戦い**である。この戦いは、秀吉と家康の一度だけの直接対決で、局地戦では家康・信雄連合軍が勝利する場面もあったが、全体的には秀吉側の優勢勝ちで、最終的には、信雄が秀吉との講和に応じたため、戦いの名分を失った家康も講和に応じている。

秀吉としては、家康を臣従させないことには天下統一はむずかしいと考え、まず自分の妹・朝日《あさひ》（旭）姫を家康に嫁がせている。天正十四年（一五八六）五月十四日である。それでも家康は上洛《じょうらく》しなかったが、秀吉が生母・大政所《おおまんどころ》を人質として岡崎に送りこんできたのをみて、上洛し、秀吉に臣従の礼をとっている。

そして注目されるのは、こうした動きとともに、家康が、それまでの居城・浜松城から駿府《すんぷ》城に移っていることである。

天正十三年（一五八五）の四国攻めで長宗我部元親《ちょうそかべもとちか》を降《くだ》し、同十五年（一五八七）の九州攻めで島津義久《よしひさ》を降した秀吉にとって、残るのは関東と奥州であった。秀吉は家康を使って、北条氏政・氏直の上洛を催促させたが、北条氏は秀吉に臣従してこなかった。そうした状況下で、同十七年（一五八九）、氏直の一族で武蔵鉢形《むさしはちがた》城主だった北条氏邦《うじくに》の家臣・猪俣邦憲《いのまたくにのり》が、真田昌幸《さなだまさゆき》の所領上野国《こうずけのくに》の名胡桃《なぐるみ》城を奪うという事件が勃発し、秀吉はこれを「惣無事《そうぶじ》」*5の命令に違反するとして、十一月二十四日付で宣戦布告状を北条方につきつけているのである。その結果、秀吉の**小田原《おだわら》攻め**となり、家康も秀吉軍の一員として参戦している。

この小田原攻めの論功行賞で、家康に北条氏の遺領《いりょう》関東が与えられることになった。五ヵ国から関東八ヵ国[*6]への栄転ということになるが、このとき、秀吉からの指示で、居城は北条氏の本城だった小田原城ではなく、支城の一つにすぎなかった江戸城に移ることが申し渡されていたことが注目される。

従来は、江戸を選んだのが家康だとして、今日の「大東京」の発展をみこした家康の炯眼《けいがん》とされることもあったが、**江戸を勧めたのは秀吉だった**のである。秀吉としては、ライバルとなる家康を少しでも遠くにやってしまいたいという思いと、あれだけ抵抗した北条氏の遺領を治めるのは家康としてもむずかしかろうといった思いがあったのではないかといわれている。

このあと、家康は本格的な江戸城の築城に取りかかり、城下町づくりも進めている。

＊5　大名間の領土紛争を「私戦」と断じてこれを禁止すること。
＊6　相模《さがみ》・武蔵《むさし》・安房《あわ》・上総《かずさ》・下総《しもうさ》・常陸《ひたち》・上野《こうずけ》・下野《しもつけ》の八か国。ほぼ現在の関東地方をさす。

天下分け目の関ヶ原

文禄《ぶんろく》元年（一五九二）からの**文禄の役**、慶長《けいちょう》二年（一五九七）からの**慶長の役**、二度にわたる秀吉の朝鮮出兵のとき、家康は肥前名護屋城《ひぜんなごや》に在陣はしたが、渡海はしていない。そして、その秀吉軍が朝鮮に出兵中、慶長三年（一五九八）八月十八日、秀吉が息を引きとった。秀吉が没する直前に設けた「**五大老**《ごたいろう》*7**・五奉行制**《ごぶぎょう》*8」において、家康は「五大老」の一人となり、豊臣政権の中枢をになう形となった。「天下の家老」などといういわれ方もしている。

そのころの家康の石高が二百五十万石ないし二百五十五万石といわれている。同じ「五大老」の第二位・第三位の毛利輝元《もうりてるもと》・上杉景勝《かげかつ》がともに百二十万石なので、二位・三位を足したほどの力をもっていたといってよい。

秀吉は亡くなる直前の八月五日、「五大老」宛ての遺言状を書き、秀頼《ひでより》のことを依頼している。有名な「秀頼事、成りたち候やうに、此の書付の衆として、たのみ申し

関ヶ原開戦直前までの人物相関図

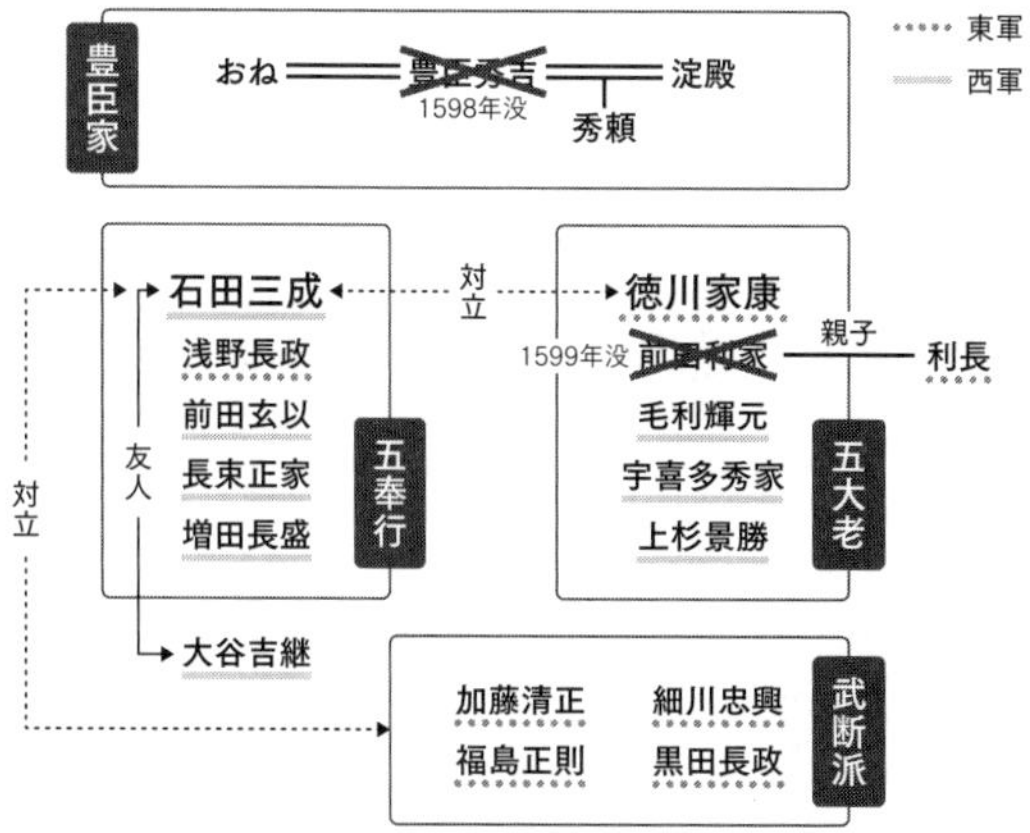

候、なに事も、此のほかにはおもひのこす事なく候、かしく」という文面であった。（『毛利家文書』）。「律儀な内《だい》府《ふ》」といわれた家康の誠実さに、一《いち》縷《る》の望みをつなごうとしたものであろう。

　しかし、秀吉のそうした願いとは裏腹に、家康には、「**天下は力ある者の**

＊7　豊臣秀頼を補佐する有力大名で、徳川家康、前田利家（死後は利長）、毛利輝元、小早川隆景（死後は上杉景勝）、宇喜多秀家の五人をさす。

＊8　豊臣政権で政治の重要な実務を担当した石田三成、浅野長政、増田長盛、長束正家、前田玄以の五人をさす。

まわりもち」という考えが芽ばえていた。信長死後、織田家の人間ではなく、秀吉が信長の跡を継いだのは、秀吉に力があったからである。家康には「今度は自分の番だ」という思いがあって当然だった。

それに対し、「五奉行」の一人石田三成《いしだみつなり》は、「たとえ秀頼殿が幼くても、もう豊臣政権という形ができているので、秀頼殿への世襲《せしゅう》で政権は維持できる」と考えていた。つまり、家康の「天下は力ある者のまわりもち」とする考えと、三成の秀頼への世襲という二つの考え方のちがいが**関ヶ原《せきがはら》の戦い**となるわけである。

三成は大谷吉継《おおたによしつぐ》・長束正家《なつかまさいえ》らと協議し、五大老の毛利輝元を迎えることに成功し、これに宇喜多秀家《うきたひでいえ》・小早川秀秋《こばやかわひであき》らの有力大名も応ずることになった。当時の呼称ではないが、ふつう**西軍**《せいぐん》の名でよんでいる。慶長五年（一六〇〇）九月十五日の関ヶ原での戦い当日には八万四千の大軍が布陣《ふじん》している。

それに対し、家康方は**東軍**《とうぐん》とよばれているが、福島正則《ふくしままさのり》・黒田長政《くろだながまさ》らいわゆる豊臣恩顧《おんこ》の大名たちからなり、関ヶ原には七万四千ほどが布陣し、勢力的には互角であった。

戦いの発端は、家康が五大老の一人上杉景勝を攻めるために、豊臣大名を率いて会津《あいづ》攻めに向かったことである。伏見《ふしみ》城に残っていた家康の家臣・鳥居元忠《とりいもとただ》らを三成ら西軍が攻撃し、会津に向かう途中、下野《しもつけ》の小山《おやま》で三成らの挙兵を知った家康が、小山で「このまま会津攻めを続けるか、上方にもどって三成と戦うか」で議論し、上方にもどることとなった。いわゆる**小山評定**であるが、小山評定はなかったとの説もあり、論争となっていることは周知の通りである。

結局、九月十五日の関ヶ原での戦いは、松尾山に布陣していた小早川秀秋が、西軍から東軍に寝返り、麓《ふもと》に布陣していた西軍の大谷吉継隊を攻め破ったことで東軍の勝利となり、石田三成・小西行長《こにしゆきなが》・安国寺恵瓊《あんこくじえけい》ら西軍首脳は捕らえられ、その年十月一日、京都六条河原《ろくじょうがわら》で処刑されている。

西軍だった島津義弘が正面敵中突破を敢行し、薩摩《さつま》に逃げもどったことはよく知られている。こうして、全国の大名を二分して戦われた「天下分け目の関ヶ原」は家康の勝利となり、家康が事実上覇者の地位についたことになる。それをはっきりした形で示したのが関ヶ原合戦後の論功行賞であった。

西軍に与《くみ》した外様《とざま》大名八十八家を**改易**《かいえき》*9にしてその所領四百十六万千八十四石を没収し、さらに五名の減封《げんぽう》地を合わせると、没収総高は九十三家、六百三十二万四千九十四石という膨大な額となり、それを東軍に属して戦功のあった大名への加封《かふう》や、徳川一門・譜代《ふだい》大名の取り立てにあてたのである。*10

江戸開府、そして大坂の陣へ

ところが、戦いには勝っても、そのままでは家康はまだ「天下の家老」にすぎない。そこで、朝廷に奏請《そうせい》して、**征夷大将軍**《せいいたいしょうぐん》*11への補任という段どりにもっていっている。慶長八年（一六〇三）二月十二日、家康は征夷大将軍となり、徳川幕府を開くことになる。

そのころ、秀頼を擁《よう》する大坂方では、家康の征夷大将軍任官をあまり重要視していなかったようである。そこには、家康のしたたかな計算とともに、大坂方の楽観

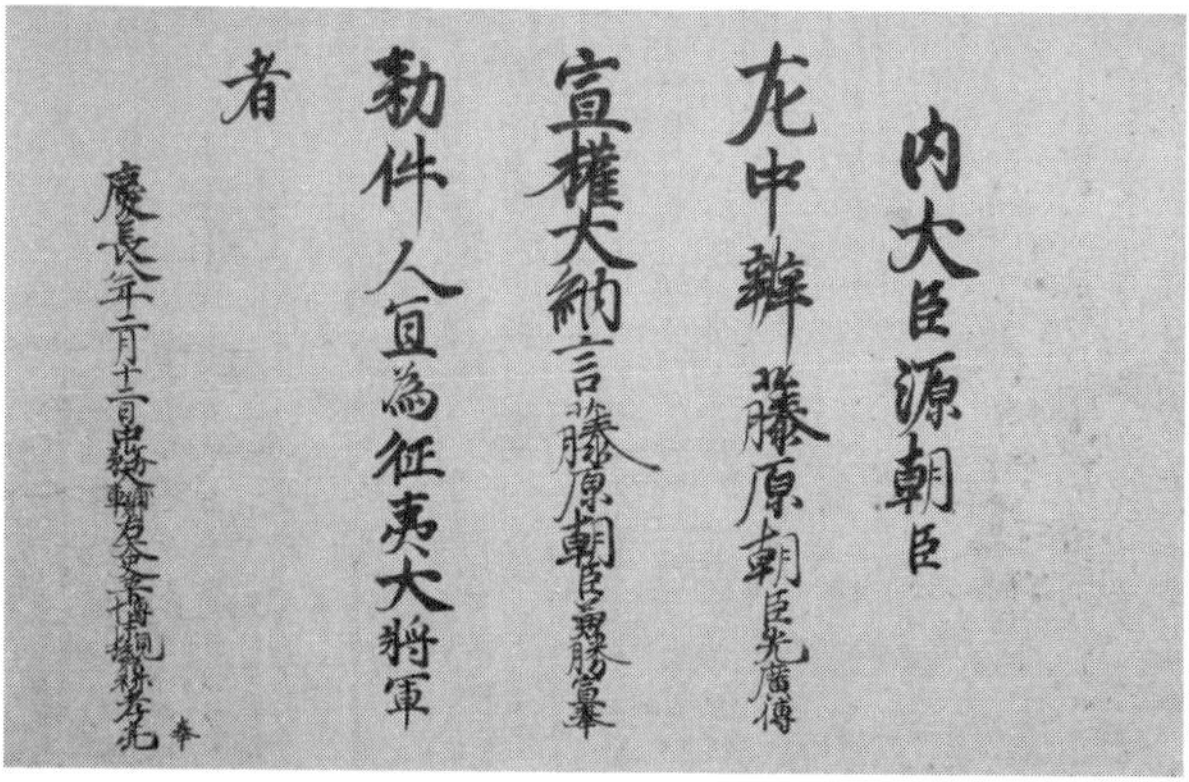
内大臣源朝臣
左中辨藤原朝臣光廣傳
宣權大納言藤原朝臣兼勝宣奉
勅件人宜為征夷大将軍
者
慶長八年二月十二日中務大輔兼左大史小槻宿禰孝亮 奉

征夷大将軍宣旨／日光東照宮宝物館所蔵

的な情勢認識があった。「家康は高齢だし、秀頼様が成人して関白《かんぱく》になれば、徳川幕府は自然消滅する」といった期待論である。

しかし、その期待はすぐ打ち破られた。家康がわずか二年で将軍職を子の秀忠《ひでただ》に譲

＊9 大名の領地・身分・家屋敷を没収し、大名としての家を断絶させて（取りつぶして）しまうこと。

＊10 関ヶ原合戦後、徳川家に家臣として仕えることを誓った大名を外様大名と称するのに対し、関ヶ原以前からは譜代大名、徳川家と血縁関係のある大名は親藩大名に分類される。

＊11 幕府の主宰者に与えられた職名。

ったからである。ここで家康は**大御所**《おおごしょ》となり、隠居《いんきょ》城としてかつて居城としたことのある駿府に新たに城を築いて移っている。単なる隠居ではなく、江戸の将軍をリモート・コントロールする形であった。若いころには今川義元の「人質」、成人後は織田信長、さらに豊臣秀吉のもとで忍従《にんじゅう》の生活を送らざるをえなかったわけなので、ふつうに考えると、せっかくつかんだ天下人の座に死ぬまでしがみつきたいと思うところであろう。しかし、家康は、「**将軍職は徳川家が世襲する。政権を豊臣家にもどすつもりはない**」と大坂方につきつけたわけである。これは、大坂方への最後通《つう》牒《ちょう》ともなり、このあと、大坂の陣へのカウント・ダウンがはじまるのである。

では、家康は豊臣家をどうしようと考えていたのだろうか。孫娘の千姫《せんひめ》を秀頼に嫁がせていることからも明らかなように、ある段階までは、徳川・豊臣両家の融和を考えていたことはたしかである。結果的に、大坂の陣で豊臣家を滅亡に追いこむことになるが、はじめから滅ぼすことは考えていなかったようである。

それは、例の**方広寺**《ほうこうじ》**鐘銘**《しょうめい》**事件**[*12]で、片桐且元《かたぎりかつもと》が弁明のため駿府まで下ったとき、①秀頼の江戸参勤か、②淀殿《よどどの》を人質として江戸に差し出すか、③秀頼が大坂城を出て国替えに応ずるかの三つの条件をつきつけていることからの類推ではあるが、この時点では、家康は、大坂方がこの三つのうちのどれか一つを呑《の》めば、大名として存続させることは考えていたのではないかと思われる。

しかし、この三つの条件が蹴られた結果、家康としては、幕藩《ばくはん》体制的秩序のなかに豊臣家のような例外を残しておくことは得策でないと考え、ついに慶長十九年（一六一四）十一月からの**冬の陣**、そして翌二十年（元和《げんな》元、一六一五）五月の**夏の陣**で豊臣家を滅亡させることになるのである。

すべてを成し遂げて安心したのか、家康は元和二年（一六一六）四月十七日、駿府城で亡くなった。享年《きょうねん》七十五であった。院号を安国院《あんこくいん》という。

＊12　豊臣家が再建している京都・方広寺の梵鐘銘に「国家安康、君臣豊楽」という文字があり、家康はこれを「家康の名を二つに引き裂き、豊臣家の繁栄を願う文言」と非難した。

家康の評価〜戦国争乱に終止符を打つ

よく、「織田が搗《つ》き、羽柴がこねし天下餅、座りしままに食うは徳川」といった狂《きょう》歌《か》が引きあいに出され、家康は棚ぼた式に天下を取ったといわれることがあるが、それは正しくない。もちろん前を走っていった織田信長・豊臣秀吉の諸政策を引き継いだという側面はあるが、努力しないで天下人になったわけではなく、家康の工夫があったから、いわゆる「徳川の平和《パクス・トクガワーナ》」が実現したのである。

江戸幕府、すなわち徳川幕藩体制の樹立に至る家康の一生は、文字通り、苦難の連続だった。幼少時には今川義元の「人質」となっており、成人してのちも、同盟関係とはいえ、主従関係に近い信長との同盟を守るため、正室《せいしつ》と長男を犠牲にしなければならなかった。

また、信長死後も、台頭してきた豊臣秀吉の下で忍従の期間を過ごさざるをえなかったのである。そして、秀吉死後、慶長五年の関ヶ原の戦いで勝利を収め、天下人の座をつかむことになる。

ところで、その関ヶ原の戦いであるが、それまで続いた戦国時代の合戦とは異質な戦いであったことをここで強調しておきたい。家康にとって関ヶ原の戦いは、単なる領土拡張のための戦いではなく、国内における戦いを無くすための戦いだったのである。関ヶ原の戦いで家康が勝利した結果、家康の石高はおよそ四百万石となった。その次が「加賀《かが》百万石」といわれる前田家なので、圧倒的な力をもつことになり、最終的に慶長二十年の大坂夏の陣で豊臣家を滅ぼし、「元和偃武《えんぶ》」を打ち出した。「偃武」とは、「武器を蔵に入れて用いない」という意味で、以後二百六十年間にわたって、国内での戦いは無くなったのである。そのため私は、家康のことを、「戦国争乱に終止符を打った男」といっている。

江戸時代、人々はようやく安心して食べていける時代を迎えたのである。江戸時代前半、人口が急増しているのがその証拠である。

決断力	☺☺☺☺☺
統率力	☺☺☺☺☺
教養	☺☺☺☺☺
経済感覚	☺☺☺☺☺
構想力	☺☺☺☺☺

二代 秀忠《ひでただ》

長篠《ながしの》・設楽原《したらがはら》の戦いで武田勝頼《たけだかつより》を破り、勢いに乗る徳川家康《いえやす》の三男として生まれる。幼名は長松《ちょうまつ》。彼が生まれた年に家康の長男・信康《のぶやす》が切腹。次男・秀康《ひでやす》は家康に疎《うと》まれていたため、長松が事実上徳川氏の跡継ぎ候補となり、代々嫡子《ちゃくし》に与えられる幼名竹千代《たけちよ》に改名。十二歳のとき、秀吉《ひでよし》と対面。偏諱《へんき》を賜り秀忠と名乗る。

家康が秀吉の臣下となり、秀吉の天下統一に協力し、上方《かみがた》に身を置くことが多くなると、秀忠が江戸を拠点に関東方面の経営を代行した。文禄《ぶんろく》四年（一五九五）、秀吉の側室《そくしつ》・淀殿《よどどの》の妹・お江《ごう》と結婚。

二十二歳のとき、徳川の覇権をかけた関ヶ原《せきがはら》の戦いでは、大軍を任され中山道《なかせんどう》を進軍したが、上田《うえだ》城主・真田昌幸《さなだまさゆき》の抵抗にあい、大遅刻。家康の不興を買う。

慶長《けいちょう》八年（一六〇三）、家康が将軍宣下《せんげ》を受け、江戸に幕府を開き、二年後には将軍職を譲られる。大御所《おおごしょ》として権勢をふるった家康の没後は、キリシタンへの弾圧、大名の改易《かいえき》・転封《てんぽう》、貿易統制等で辣腕《らつわん》を発揮。将軍職を二男・家光《いえみつ》に譲り、大御所となってからも朝廷工作などにより幕府の確固たる支配体制を構築していった。

兄信康の死と秀忠の誕生

二代将軍となる秀忠《ひでただ》は、天正《てんしょう》七年（一五七九）四月七日、遠江《とおとうみ》の浜松城において、家康《いえやす》の三男として生まれた。長兄が信康《のぶやす》、次兄が秀康《ひでやす》である。幼名は長松《ちょうまつ》といったが、のち、竹千代《たけちよ》と改められ、さらに長丸《ちょうまる》ともよばれた。母は家康の側室《そくしつ》・**於《お》愛《あい》の方**、すなわち西郷局《さいごうのつぼね》である。

彼女が西郷局とよばれたのは、出身地が遠江の西郷荘だったからである。掛川《かけがわ》の近く西郷荘の地侍・戸塚五郎太夫忠春の娘だった彼女は西郷右京進義勝《うきょうのじょうよしかつ》に嫁《とつ》いだが、義勝が亡くなったあと、母の再婚先だった服部平太夫《はっとりへいだゆう》のもとに身を寄せているところを、家康の目にとまり、十七歳（二十七歳という説もあり）で家康の寵愛《ちょうあい》を受けることになり、秀忠を産み、翌年には家康の四男忠吉《ただよし》も産んでいるのである。[*1]

温和で誠実な性格だったといわれ、また、まわりの人に優しく接していたという。そうした性格は秀忠にも受け継がれたものと思われる。於愛の方は強度な近眼だっ

秀忠の兄弟たち

※七男、八男は早世

家康

- 信康　長男。母は築山殿
- 秀康　次男。母は小督局
- 秀忠　三男。母は西郷局［お愛の方］
- 忠吉　四男。母は西郷局
- 信吉　五男。母は下山殿
- 忠輝　六男。母は於茶阿の方
- 義直　九男。母はお亀の方、御三家・尾張徳川家初代
- 頼宣　十男。母はお万の方、御三家・紀州徳川家初代
- 頼房　十一男。母はお万の方、御三家・水戸徳川家初代

（義直・頼宣・頼房＝御三家）

たらしく、とりわけ瞽女《ごぜ》といわれる盲目の旅芸人に同情を寄せ、常に衣服飲食を施して生活を庇護《ひご》していたらしい。そのため、天正十七年（一五八九）五月十九日、彼女が二十八歳（三十八歳という説もあり）の若さで駿府《すんぷ》城で亡くなったとき、瞽女たちは彼女の死を嘆き、菩提寺宝台院《ぼだいじほうだいいん》の門前で連日、於愛の方の後生を願ったという話も伝えられている。

＊1　家康は生涯、十一男五女の子どもをもうけている。正室・側室あわせて二十人ほどいたとされている。

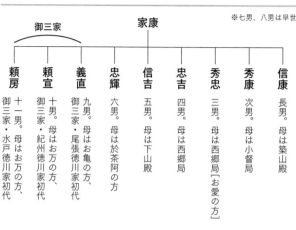

ところで、秀忠の生まれた天正七年という年は、秀忠の父家康にとっては特別な年であった。二十一歳まで育てあげ、自分の跡取りと考えていた長男の信康を切腹させているからである。信康の自刃《じじん》が天正七年九月十五日で、秀忠の誕生がその同じ年の四月七日なので、秀忠を**信康の「生まれかわり」**とみるのは妥当ではないが、家康にしてみれば、「信康が死んでも秀忠がいる」と考えた可能性はあるように思われる。

そしてもう一つ、秀忠の徳川家における位置というか、立場を考えるうえで忘れてならないのが、天正十二年（一五八四）の小牧《こまき》・長久手《ながくて》の戦いと、その後に続く、家康と羽柴秀吉《はしばひでよし》との一連の講和交渉である。

小牧・長久手の戦いというのは、織田信長《おだのぶなが》死後、織田家の政権簒奪《さんだつ》をはかる羽柴秀吉に対し、信長の二男だった信雄《のぶかつ》と家康が手を組んでそれを阻止しようとした戦いである。局地戦では、家康・信雄連合軍側が勝ったこともあったが、大局的には秀吉の優勢勝ちで終わり、両者は手を結ぶことになった。そのとき、家康は同盟の証《あか》しとして二男の秀康を秀吉のもとに養子という形で送りこんでいる。養子とは表向きのことで、このときの養子縁組は人質としての意味をもっていたわけであるが、そのような人質に、長男・信康がいない以上、実質上の長男ともいうべき秀康を送りこんだのはどうしてなのだろうか。

その時点で、三男・秀忠のほか、天正八年生まれの四男・忠吉、同十一年生まれの五男・信吉なども養子として出される候補になったとしてもおかしくないのに、二男・秀康が出されているのは不思議である。

なぜ将軍職を継げたのか

年齢が下なのに、二男・秀康と三男・秀忠とでは、弟の秀忠のほうがこの時点ですでに家康から「自分の後継者は秀忠」とみられていた可能性があるが、それはどうしてなのだろうか。秀康が、兄であるにもかかわらず、二代将軍の座を弟・秀忠に決められたいきさつともかかわるので、ここで少しこの問題をみておきたい。

要因として考えられるのは、秀康・秀忠の誕生、もっといえば、**二人の母の懐妊《かいにん》**

をめぐる状況のちがいである。前述したように、秀忠を産んだ於愛の方、すなわち西郷局は家康の正式な側室として家康の胤《たね》を宿し、秀忠を産んでいるのに対し、秀康の場合はかなり事情がちがっている。

秀康の母は**於万**《おまん》といって、家康の正室《せいしつ》・築山殿《つきやまどの》の侍女《じじょ》だった者が、家康の手がついて懐妊し、生まれたのが秀康だった。秀康の幼名は**於義丸**《おぎまる》といったが、これは、生まれたばかりの顔が「ギギ」というオコゼに似た魚そっくりだったということからつけられたともいわれているのである。

つまり、まだ、正式に側室になっていない段階での懐妊ということで、家康以外の男性との性的関係もありえたわけで、家康としても、生まれてきた子が本当に自分の子であるか確信がもてなかった可能性もある。

松平・徳川家にゆかりのある竹千代を名乗った秀忠と、於義丸を名乗らされた秀康では、まさに雲泥《うんでい》の差があり、家康はかなり早くから、少なくとも、天正十二年に秀康を秀吉の養子に差し出したころには、すでに秀忠を自分の後継者と考えていたのではないかと思われる。

秀吉との対面

秀吉の天下統一にとって大きな画期となったのが天正十八年（一五九〇）の**小田《おだ》原《わら》攻め**である。この小田原攻めを前に、家康は苦しい立場に立たされていた。というのは、家康は秀吉の妹・朝日《あさひ》（旭）姫を娶《めと》り、秀吉に臣従していたが、その少し前までは、秀吉に敵対を続ける小田原の北条《ほうじょう》氏と同盟関係にあったからである。

天正十年（一五八二）、家康が甲斐《かい》・信濃《しなの》に侵攻したとき、同じように甲斐に攻め込んできた北条氏と戦いになり、そのとき、家康の娘・督姫《とくひめ》が北条氏直《うじなお》と結婚し、同盟を結んでいたのである。

一方の同盟者（秀吉）が、もう一方の同盟者（北条氏）を攻めるというわけなので、家康は困った。しかし、結局、将来性を考え、秀吉軍の一員として北条氏を攻める側に立つ腹を固めている。

ただ、腹を固めるだけではどうにもならない。秀吉からの指示があったものか、あるいは家康独自の判断だったかはわからないが、秀吉の猜疑心《さいぎしん》を取り除くため、そのころ、まだ長丸といっていた秀忠を**人質として上洛《じょうらく》**させ、秀吉のもとに送っている。家康にしてみれば、秀吉から北条氏との同盟を指摘されたとき、「北条氏とは完全に手を切りました。秀吉様方の一員として戦います」という意思表示だったのであろう。

長丸が上洛したのは天正十八年正月十三日のことで、翌々十五日、長丸は聚楽第《じゅらくてい》で秀吉に謁《えっ》したが、このとき、秀吉は長丸を元服《げんぷく》させ、自ら〝秀〟の一字を与え、秀忠と名乗らせている。長丸、すなわち秀忠はこのとき十二歳であるので、ふつうの元服よりやや早いという印象はあるが異例というほどではない。

家康の手もとにいた子どもたちのなかでは秀忠が一番の年長者であり、この家康の行為は秀吉の心証をよくしたものと思われる。秀吉は秀忠を人質として留めておくことをせず、すぐ家康のもとへ帰しているのである。「人質を差し出したという行為だけで十分」といったところであろう。このあたり、人質を出した家康も家康なら、それをすぐ帰した秀吉も秀吉といった感がある。

秀吉が三万二千の直属軍を率いて京都を出陣したのは、その年の三月一日である。家康も秀忠をともなって出陣していた。秀忠にとって、この小田原攻めが初陣《ういじん》ということになるが、秀吉との関係でもう一つ注目されることがあった。**秀吉が秀忠の甲冑始《かっちゅうはじ》めをしている**のである。

家康軍・秀吉軍が箱根を越え、箱根湯本に到着したとき、秀忠は秀吉に呼ばれ、秀忠が秀吉の前に出ると、秀吉が自ら自分の甲冑を取り出し、それを秀忠に着せ、「わが武運にあやかり給へ」といって秀忠の背中をなでているのである。

このように、豊臣軍の一員としての小田原攻めが秀忠の初陣であったが、このときの戦いは、小田原城に籠城《ろうじょう》する北条軍を大外郭の外から包囲するだけで、実際に軍勢を動かし、槍と槍で戦うような肉弾戦は少なく、秀忠としてみれば、実戦を経験したという印象はほとんどなかったものと思われる。

そして、結局、七月五日に北条氏直が降伏《こうふく》して小田原攻めは終わり、その論功行《ろんこうこう》賞《しょう》で家康に北条遺領《いりょう》が与えられることになり、家康はそのまま江戸城に入っている。

父の代わりを務める

江戸に入った家康は、腹心の板倉勝重《いたくらかつしげ》を江戸の町奉行《まちぶぎょう》とし、本格的な町づくりをはじめさせるとともに、駿府城に負けない新しい**江戸城の築城**にとりかかった。

ところが、そのころの家康は、江戸の城づくり、町づくりに専念しているわけにはいかなかった。秀吉のはじめた文禄《ぶんろく》・慶長《けいちょう》の役*2に動員され、肥前名護屋《ひぜんなごや》に滞陣することになったためである。そのため、江戸の留守を守り、城づくり、町づくりの工事を実際に督励したのが若い秀忠だったのである。

秀忠の立場を考えたとき、この時期のこととして注目されるできごとがある。家康は文禄元年（一五九二）二月二日、江戸をたって肥前名護屋に向かい、その地で年を越しているので江戸にはいない。文禄二年の正月に行われる家臣たちの年始の挨拶を家康が受けることができない代わりに、秀忠が受けているのである。

家康本人が江戸にいないのだから、江戸にいた秀忠が家臣たちの年始の挨拶を受けるのは当然のようにも考えられるが、この段階で、家康の口から、「秀忠を跡つぎにする」という意思表示はされていない。

にもかかわらず、家康の本拠地である江戸城にいて、そこにいる兄弟のなかで一番の年長者である秀忠が、いわば家康の代理の形で家臣たちに応対したことの意味は決して小さなものではなかったと考えられる。既成事実のつみ重ねが、次第に〝ポスト家康〟という形で秀忠の立場を押し上げていったのではないだろうか。

お江との結婚

秀忠が結婚したのは文禄四年（一五九五）九月十七日のことであった。この年、秀忠は十七歳であり、当時としては特別遅すぎもせず、早すぎもせず、まずふつう

＊2　文禄元年（一五九二）から慶長三年（一五九八）にかけ、豊臣秀吉が明（中国）征服を計画し、朝鮮（李氏朝鮮）に出兵したことから始まった朝鮮侵略戦争。

の結婚年齢といえる。ただし、秀忠は初婚なのに、相手のお**江**《ごう》は、何と六歳も年上で、しかも初婚ではなく、三度目の結婚であった。のちに将軍になる秀忠が、言葉は悪いが、どうして姉さん女房で、二度の結婚歴のある女性を娶《めと》らなければならなかったのだろうか。ここに、当時の秀忠が置かれた状況があったのである。

秀忠が結婚した相手は、浅井長政《あざいながまさ》とお市《いち》の方との間に生まれた三女のお江であった。長女の茶々《ちゃちゃ》が秀吉の側室淀殿《よどどの》、二女の初《はつ》が京極高次《きょうごくたかつぐ》の正室となった女性である。

お江は、はじめ尾張大野《おわりおおの》城主・佐治与九郎一成《さじよくろうかずなり》に嫁ぎ、秀吉の命によって離別させられたあと、秀吉の養子・羽柴秀勝《はしばひでかつ》に嫁がされたが、その秀勝が早逝《とつ》してしまったため、今度は秀忠のもとに嫁いできたというわけである。そのときお江は秀吉の養女という立場で嫁いでいる。秀吉としては、秀頼《ひでより》の母である淀殿の妹を徳川家の人間に嫁がせることによって、秀頼のまわりを固める態勢を作ろうと考えたのであろう。

お江が秀忠に嫁いだころの豊臣家と徳川家の力関係は、圧倒的に豊臣家方が上であり、そうした実家の権勢というものをバックにしていた関係なので、お江が上位

お江

で、秀忠は年齢も上のお江に頭があがらなかったという。

そのため、お江との間に女の子しか生まれず、跡つぎの男子がほしいと思っても、秀忠は側室をもたなかったとされているが、実は、お江の目を盗んで、慶長《けいちょう》六年（一六〇一）には長丸《ちょうまる》という男子を得ており、もう一人、**お静《しず》の方**に保科正之《ほしなまさゆき》を産ませていることが知られている。決して、女性に淡白だったとか、謹厳実直《きんげんじっちょく》というわけではなかった。

武将としての力量

ところで、秀忠の武将としての力量はどの程度だったのだろうか。前述したように、天正十八年（一五九〇）の秀吉の小田原攻めが初陣ではあったが、これといった戦いはなく、また、文禄の役・慶長の役では江戸の留守を預かっていたため、実際に自らが出陣した戦いといえば、慶長五年（一六〇〇）の関ヶ原《せきがはら》の戦いのときということになる。秀忠二十二歳である。

この点では、三河《みかわ》統一、遠江への進出過程で父家康とともに戦った長兄・信康とは大きくちがっていた。秀忠は武将としての器量を推しはかるバロメーターがなかったのである。戦国動乱のまっただなかの徳川創業期に生きた信康と、豊臣政権下の比較的安定した時代に少年期をすごした秀忠とのちがいがここにある。

関ヶ原の戦いのとき、秀忠が前軍を率いて会津《あいづ》の上杉《うえすぎ》攻めに出発している。慶長五年（一六〇〇）七月十九日のことである。周知の通り、この会津攻めは、石田三《いしだみつ》成《なり》を挙兵させる一種の誘い水でもあり、そのねらい通り、三成の軍勢が伏見城《ふしみ》の鳥居元忠《とりいもとただ》らに攻撃をしかけ、**「内府《だいふ》ちがひの条々」**[*3]を出すに至った。そこで家康は七月二十五日、下野《しもつけ》の小山《おやま》で、「このまま会津攻めを続けるか、上方《かみがた》にもどって三成と戦うか」の**小山評定《ひょうじょう》**を開き、福島正則《ふくしままさのり》ら豊臣恩顧《おんこ》の大名たち先発隊に出陣を命じている。

もっとも、家康としてみれば、全軍を上方に送ることには不安があった。やはり、上杉景勝《かげかつ》を会津に封じこめておく必要があったからである。そこで、上杉軍を釘づけにしておくために残されることになったのが二男の秀康であった。家康は、秀忠ではなく、秀康にその重大任務を与えた。どうやら、家康は、武将としての力量は、秀忠より秀康のほうが上とみていたからではないかと思われる。

＊3 「内府ちがひの条々」の内府とは徳川家康の官職、内大臣のこと。「落ち度のない上杉景勝の征伐に出兵した」「伏見城の留守居を追い出して占拠した」など十三カ条にわたって家康を弾劾した宣戦布告文書。

このあと、家康は八月二日に小山を発して五日に江戸城にもどった。一方、秀忠は八月二十四日に宇都宮《うつのみや》をたって、途中から**中山道《なかせんどう》を通って西に**向かうことになり、九月一日には軽井沢に到着した。ところがつぎの日、秀忠軍は中山道をそのまま西に進むのではなく、進路を変え、小諸《こもろ》に向かったのである。上田《うえだ》城を攻めるのが目的であった。

歴史に残る遅刻

上田城の真田《さなだ》氏は、昌幸《まさゆき》、それに昌幸の子信幸《のぶゆき》（のちに信之）と信繁《のぶしげ》（通称幸村《ゆきむら》）兄弟が会津攻めに従軍するため、小山近くの犬伏《いぬぶし》まできていたが、そこに石田三成からの密書が届けられ、昌幸と信繁は三成に呼応して西軍《せいぐん》に属すことを決め、信幸は東軍《とうぐん》徳川方に属すという、父子・兄弟で別々に行動することを決めた。有名な「**犬伏の別れ**」である。信幸の正室が家康の重臣・本多忠勝《ほんだただかつ》の娘であり、信幸と

関ヶ原の戦いまでの東軍の動き

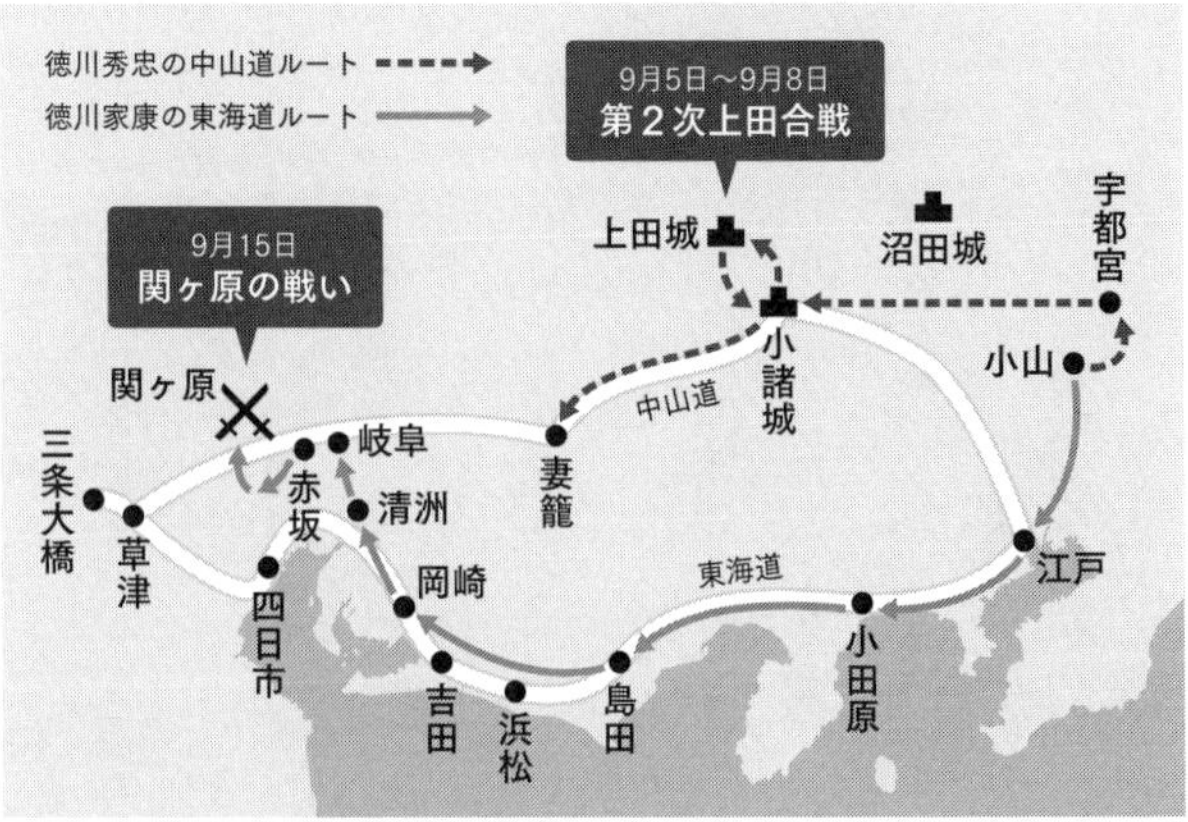

しては、西軍に属すわけにはいかないという事情があった。

そのあと、昌幸・信繁父子が上田城にもどったわけで、秀忠としては、少し寄り道になるが、後顧《こうこ》の憂いをなくすため、上田城を攻めることにしたのである。もっとも、「行きがけの駄賃」といった軽い気持ちがあったことも否定できない。「三万八千の大軍で攻めれば、上田城ごときの小城は簡単に落とせる」と考えていたのであろう。

もっとも、秀忠としては、はじめから力攻めを考えていたわけではなかった。三万八千の大軍が攻めかかるとみせかければ、降伏するものと考えていた節がある。幸い、秀忠軍には真田信幸が加わっていた。秀忠は信幸に命じ、父昌幸と弟信繁に対する開城勧告をさせている。

すると、意外なことに、昌幸がそれに応じてきたのである。もっとも、これは昌幸側の謀略で、一種の時間かせぎだったわけであるが、講和交渉に応ずるという以上、使者を上田城に送り、交渉させることになった。しかし、はじめから降伏する意思のない昌幸側なので、当然、交渉はもの別れに終わっている。

結局、九月五日から八日までかかって上田城を攻めたが落とすことができず、とうとうあきらめて中山道にもどって諏訪《すわ》を通り、木曾谷《きそだに》を通って西に向けて馬を急がせたのである。秀忠が木曾谷で馬を急がせている九月十五日、関ヶ原で東西両軍の激闘がくりひろげられていたのである。これがいわゆる「**秀忠、関ヶ原遅参《ちさん》**」である。

関ヶ原で勝ったとはいえ、家康にしてみれば、自分の跡継ぎにと考えていた秀忠が、大事な戦いに遅れたことに腹を立て、しばらくは面会を許さなかったほどである。

『徳川実紀《じっき》』の「台徳院殿御実紀《たいとくいんでんごじっき》」によると、秀忠に従軍していた榊原康政《さかきばらやすまさ》が秀忠を弁護し、家康の怒りも収まったという。

家康の大御所政治

慶長十年（一六〇五）二月二十四日、秀忠は十万の大軍を率いて上洛し、三月二十一日に伏見に到着した。そして、四月七日、家康は征夷大将軍《せいいたいしょうぐん》職を秀忠に代えることを朝廷に奏請《そうせい》し、その許可が十六日におりた。二代将軍秀忠の誕生である。

たしかに、この年、家康は六十四歳になっており、隠居して二十七歳の秀忠にその位を譲るというのは年齢的に妥当といえなくもない。しかし、家康が将軍になったのは慶長八年（一六〇三）のことであり、わずか二年で交代ということになるわけで、ここは単なる年齢の問題ではなく、やはり何か別な理由を考えなければならない。

現在考えられている理由としてよく知られているのは、「**この政権交代劇は、政権の世襲を天下に示したもの**」という解釈である。つまり、この時点で、家康は将軍にはなっていたが、大坂方からみれば、まだ「天下の家老《かろう》」でしかなかった。家康が死ねば政権は秀頼にもどされるであろうという大坂方の期待があったことは事実であると思われる。

つまり、家康は、将軍職は徳川家が代々継ぐもので、秀頼が成人してもそれに政権を返す意思のないことを目にみえる形で示したものと考えられる。

それともう一つ、家康が将軍職を退き、朝廷の官職から自由になったうえで、将軍の上に位置して、天下に号令をかけようとしたのではないかとする解釈もある。

駿府城に大御所《おおごしょ》家康がいて、江戸城に将軍秀忠がいて、この二人のコンビで幕府政治がしばらくの間続くことになる。このツートップ体制をふつう**二元政治**《にげん》とよんでいる。ただ、二元政治といういい方は厳密にいうと正しくない。二元という表現のなかに、駿府政権と江戸政権に上下関係ないし優劣の関係はなく、対等といったニュアンスが含まれているからである。具体的にみると、両者は対等ではなく、駿府政権が江戸政権をリードする形になっていた。わかりやすくいえば、駿府政権が企画・立案した諸政策を、江戸政権、すなわち幕府が執行するという形である。江戸政権は執行機関だったというのがこのときの実際の姿であった。

少なくとも、将軍職を譲られた慶長十年から十五年くらいの時期にかけては、大名たちの領知を束ねていたのは将軍秀忠ではなく、大御所家康だったことは明らかであり、だからこそ、諸大名も何かあると、秀忠ではなく、家康に訴え出ていたのである。[*4]

このことは、大坂の陣開戦までのプロセスからもわかる。例の方広寺《ほうこうじ》鍾銘《しょうめい》事件にみられる徳川方の強引な挑発は、秀忠に秀頼殺しの汚名をきせず、家康本人がその罪をかぶる覚悟ではじめたものであった。実際、大坂討伐の断を下したのは、将軍秀忠ではなく、大御所家康であった。

秀忠の豹変

ところが、家康の生存中は、「**何ごとも大御所のなすがままに**」として、秀忠色

*4　秀忠には本多正信が付属し、家康側には正信の子正純がおり、秀忠に家康の方針が本多父子を通して伝えられ、それを将軍として秀忠が実行する大御所政治が行われた。

を前面に出さなかった秀忠であったが、家康死後、それまで抑えこまれていた分をも吹きとばすくらい、強烈な政治を行っている。なお、秀忠は、元和《げんな》九年（一六二三）七月に将軍職を子の家光《いえみつ》に譲っているので、実際に政治を執《と》れたのは八年間しかなかったような印象をもつが、家光に将軍職を譲ってからも、父家康と同じく、自らも大御所となって、実際に政治を執っているのである。

家康死後の秀忠の施策としてまず注目されるのは、弟の六男・**忠輝《ただてる》の改易《かいえき》**であろう。家康ですら手をつけなかった腫《は》れ物を切開手術してしまったのである。[*5] このことは、幕府政治にプラスにならない勢力は、たとえ徳川一門であっても取り除かれるというルールを示したことになる。

秀忠が実際に政権を担当していた時期に改易された有力外様《とざま》大名は、福島正則を筆頭に二十三名にもおよんでいるのである。その他、徳川一門・譜代《ふだい》大名も十六名にのぼり、近世幕藩体制の骨格ができあがったといえる。

また、秀忠は、ただ大名を取りつぶしただけではなく、弟の十男・頼宣《よりのぶ》を紀州《きしゅう》和歌山に封ずるなどのほか、新たな譜代大名の取り立ても行っている。大坂の陣後

大名への統制

一国一城令	一国規模の領地を持つ西国大名に対して、居城以外の城を領内に持つことを禁じ、破却するよう命じた。
武家諸法度	大名が果たすべき義務を明文化し、法度違反が改易の根拠とされることも多かった。時世を反映しつつ、代替わりごとに将軍より発布されることになる。
参勤交代	諸大名を定期的に江戸に参勤させる制度。大名自身は江戸と国元に１年交代で勤務し、妻子は江戸に住まわされた。
手伝い普請	築城や治水工事に必要となる資材や人材の供出を大名に命じた。
軍　役	軍事に必要な兵馬の招集を軍役という。石高に応じた兵馬の常備を義務づけた。
処　分	領地を没収する改易、領地を削減する減封、領地を移動させる転封などがあった。

の大々的な大名再配置政策によって、幕藩体制の基礎はゆるぎないものとなったのである。

どうしても、初代家康の功績がクローズアップされてしまうため、二代目はその陰に隠れてしまいがちで、その意味では秀忠は損な役まわりであったが、内政面ではその他にもみるべきものを遺している。

＊5　忠輝は生まれてから幼少期にかけて、父家康から「鬼っ子」として嫌われた。当時不吉とされた双子であったなど諸説ある。

たとえば、幕府の職制として**老職**（のちの老中《ろうじゅう》）*6を制度化していった点は見のがすことができない。家康の段階は、個人的つながりを重視した側近政治といった色彩が濃かったが、秀忠は、それを幕府の機構のなかに位置づけていったのである。

もう一つ注目されるのが海外貿易関係である。前述したように、元和九年七月に将軍職を家光に譲ってから、大御所としての自由な立場で改易などの大鉈《おおなた》を振るったわけであるが、寛永《かんえい》元年（一六二四）に江戸城西ノ丸に移り、貿易統制にも乗り出していった。それまでの朱印船《しゅいんせん》貿易*7を**奉書船《ほうしょせん》貿易***8に切り替えたのは寛永八年（一六三一）のことで、時代はいうまでもなく三代将軍家光のときのことに属するが、その実際の推進役はあまり知られていないが大御所秀忠だったのである。

その年、秀忠は発病し、翌寛永九年（一六三二）正月二十四日、江戸城で没している。享年《きょうねん》五十四であった。院号を台徳院《たいとくいん》という。

ところで『徳川実紀』は、秀忠のことを「御幼齢より仁孝《じんこう》恭謙《きょうけん》の徳そなはらせ給ひ、何ごとも父君の御庭訓をかしこみ守らせられ、よろずの御旨に露たがわせ給はで、いささかも縦恣《じゅうし》の御挙動おはしまさざりき」と評している。

家康が残った男子のなかで、特に秀忠を後継者にした理由の一つには、このような**「仁孝恭謙の徳」**といったようなこともあったのではなかろうか。家康は、武勇一点張りでは国が治められないということをよく知っていた。だからこそ秀忠を二代将軍として大事に育てあげたのである。そして秀忠も、その期待に立派にこたえたということになる。

＊6　将軍直属の江戸幕府最高の職。ただし、必要に応じて老中より格上の大老が置かれることもあった。

＊7　朱印船とは、将軍が発行した朱印状（海外渡航許可証）を持った船のこと。東南アジア各地に朱印船が派遣され、盛んに交易を行い、各地に日本町がつくられた。

＊8　奉書船とは、老中が長崎奉行に渡航許可の奉書を出した船のこと。キリスト教禁止を徹底し、貿易を統制する策として、日本人の渡航を奉書船に限った。

秀忠の評価～そつなく三代目にバトンタッチ

初代徳川家康の働きぶりが群を抜いているため、二代徳川秀忠の存在はどちらかといえば影が薄い。しかし、秀忠なしには徳川政権があれだけ続くことはなかったのではないかと思われる。父家康にはできなかった豊臣恩顧の大名に対する改易処分をみても、それがわかる。たとえば、家康は、関ヶ原の戦いで石田三成を討つのに大きく貢献した福島正則を処分することはできなかったはずである。

また、家康自身、豊臣政権の一員として秀吉がはじめた文禄・慶長の役のときには肥前名護屋に在陣したため、少し前に自分の居城である江戸城築城をはじめたが、直接手を下すことは少ししかできなかったので、代わりに秀忠が築城や江戸の町づくりを推進しており、関八州《かんはっしゅう》支配を軌道に乗せたのは秀忠の働きによるものだったのである。

ただ、家康としても、秀忠の武将としての力量には不安をもっていたようで、慶長五年（一六〇〇）の関ヶ原の戦いの大事な場面で、徳川本隊三万八千を率いた秀忠が戦いに間に合わなかったときには、面会を許さなかったことが知られている。そのあと重臣を集め、後継者を誰にしたらよいかと意見を求めたともいわれているので、多少の不安があったかもしれない。

ところが、もう一つ、おもしろいエピソードが伝えられている。家康が亡くなる直前のことであるが、枕もとに秀忠を呼んで、「わしが亡くなったら、この世はどうなるか」と秀忠に質問したとき、秀忠は、「また世の中が乱れると思います」と答えている。ふつうなら、父親を安心させようと、「父上のおかげで世は治まり、もう乱れることはないでしょう」というところ、正直に「また乱れる」といっているのである。それを聞いた家康は、「そう思っているなら、それでよい」とつぶやいたという。秀忠のそうした正直なところを家康は高く評価していたのかもしれない。

決断力	☺☺☺	統率力	☺☺☺
教養	☺☺☺☺	経済感覚	☺☺☺
構想力	☺☺☺		

三代 家光《いえみつ》

二代将軍徳川秀忠《ひでただ》の二男として生まれる。長男が夭折《ようせつ》したため、二男ながら嫡男《ちゃくなん》の扱いとなり、松平・徳川家の嫡男につけられた幼名竹千代《たけちよ》を名乗る。

弟に二歳下の国松《くにまつ》が生まれ、竹千代がやや病弱だったのに対し、弟の国松のほうが健康で聡明《そうめい》だったこともあり、一時は廃嫡《はいちゃく》の危険もあったが、乳母《めのと》のお福が家康に直訴したこともあり、竹千代が三代目指名を受ける。

傅役《もりやく》として、酒井忠世《さかいただよ》・土井利勝《どいとしかつ》・青山忠俊《あおやまただとし》らが付けられ、元和《げんな》九年（一六二三）、家光二十歳のとき秀忠から将軍職を譲られている。

家康・秀忠とちがい、家光は「生まれながらの将軍」ということで、強権的政治を進めており、徳川一門、譜代《ふだい》大名、外様《とざま》大名の大規模な改易《かいえき》を進め、幕藩体制の基礎を固めたことで知られている。

なお、自分を三代目に指名してくれた家康に心服し、日光社参をくり返し、また寛《かん》永《えい》十一年（一六三四）からは大がかりな社殿造営を行っている。

竹千代と国松

三代将軍となった家光《いえみつ》は、慶長《けいちょう》九年（一六〇四）七月十七日、二代将軍秀忠《ひでただ》の二男として生まれている。二男ではあるが、長男・長丸《ちょうまる》は慶長六年（一六〇一）に生まれたものの翌年七月に夭折《ようせつ》してしまっていたので、実質上の長男であった。しかも、長丸を産んだ女性のことはよくわからないが、家光の母は秀忠の正室《せいしつ》お江《ごう》であった。

お江は、北近江《おうみ》の戦国大名・浅井長政《あざいながまさ》の娘である。浅井長政夫人は織田信長《おだのぶなが》の妹・お市《いち》なので、家光は、織田氏・浅井氏といった戦国武将の血を受け継いでいたことになる。

幼名が松平《まつだいら》・徳川家にとっては由緒ある**竹千代《たけちよ》**であり、松平広忠《ひろただ》の長男として生まれた家康《いえやす》も幼名竹千代で、その家康の長男として生まれた信康《のぶやす》も幼名竹千代なので、家光を秀忠の長男と思っている人も多いようであるが、兄に長丸という男子が

家光の兄弟たち

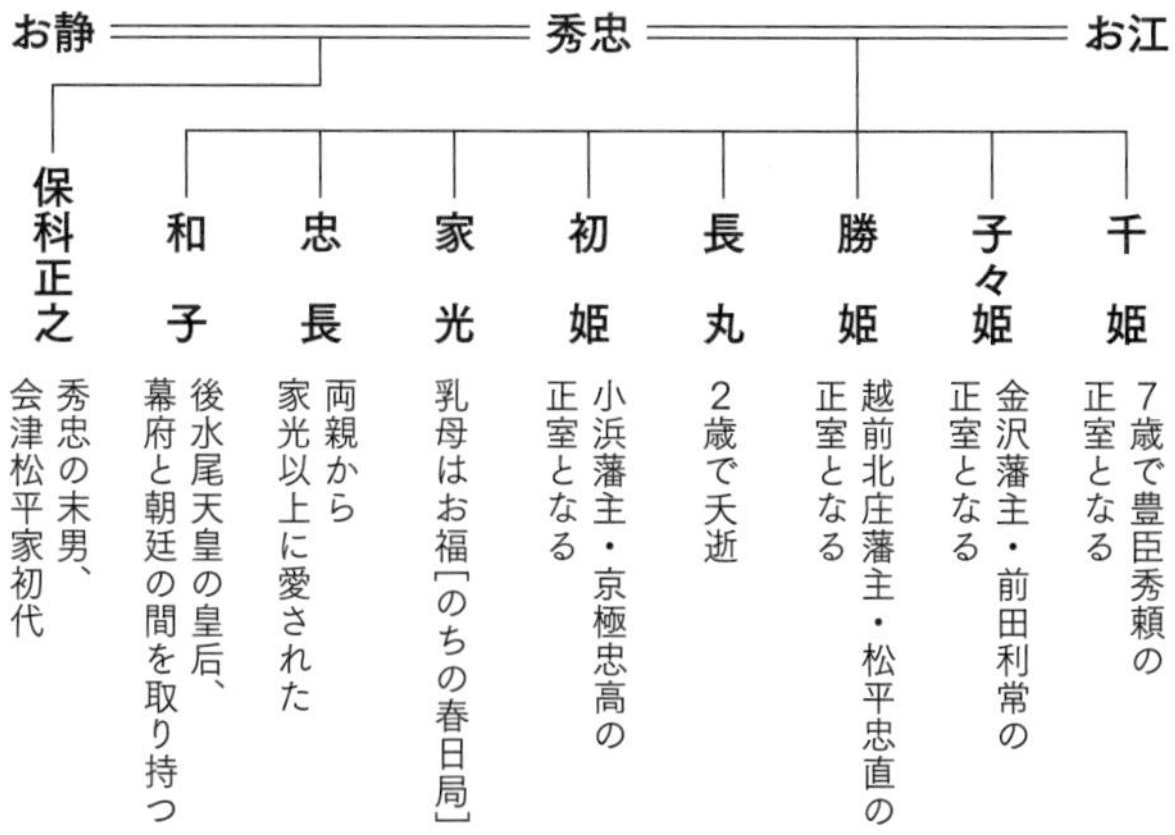

いたのである。ただし、長男でありながら、竹千代を名乗ることができなかったわけで、これは、長丸の母が秀忠の正室お江ではなかったからである。

秀忠・お江夫婦には、家光誕生の二年後、幼名を**国松**《くにまつ》という男子が生まれている。それがのちに問題となる忠長《ただなが》である。秀忠・お江夫妻、特に母のお江は、竹千代より弟の国松のほうをかわいがっていたようである。国松のほうが健康で聡明《そうめい》だったのに対し、幼いころの竹千代は病気がちで、やることなすことのろまだったといわれている。家臣たちもそうした二人の様子をみて、

「弟君の国松様が家督《かとく》を継ぐことになるかもしれない」と噂《うわさ》しあっていたようである。

たしかに、二人をくらべれば、竹千代では心もとないし、国松のほうに軍配があげられる可能性があった。そうした空気を察し、また、日ごろ国松をかわいがるお江の態度を目のあたりにして、焦りはじめたのが竹千代の乳母《めのと》・**お福**、すなわち、のちの春日局《かすがのつぼね》である。

お福は、本能寺《ほんのうじ》の変をおこした明智光秀《あけちみつひで》の重臣・斎藤利三《さいとうとしみつ》の娘だった。そのお福が竹千代の乳母になったいきさつについては諸説あるが、「自分が育てた竹千代が廃嫡《はいちゃく》されるかもしれない」と焦ったお福が、家康に「竹千代様を次期将軍に」と直訴《じきそ》しているのである。

従来は、『春日局譜略《ふりゃく》』などの史料を典拠に元和《げんな》元年（一六一五）のことといわれてきた。元和元年とすれば、竹千代十二歳のときということになる。同書によれば、父秀忠と母お江に嫌われていることを悩み、自殺しかけたという。これを抱きとめて思いとどまらせたお福が、「何とかしなければ」と切羽《せっぱ》つまった思いで家康に訴えたとされてきた。

ところが、その後、家康が秀忠夫人・お江に宛てた慶長《けいちょう》十七年（一六一二）二月二十五日付の**訓戒状**《くんかいじょう》の存在が明らかになり、その訓戒状のなかで家康は、「嫡男《ちゃくなん》とそれ以外の男子はちがう」、「弟の威勢が兄より強いのは家の乱れのもと」と、かなりはっきりしたことをいっている。

これは、すでに、家康が国松ではなく、竹千代に家督を継がせる意思をもっていたことを物語っており、お福の家康への直訴があったとすれば、訓戒状の日付より以前であることになる。

そこであらためて春日局関係の史料に

あたってみると、『春日局由緒』という史料に、慶長十六年(一六一一)十月二十四日、家康が駿府《すんぷ》城から江戸城にやってきて、秀忠・お江夫妻、竹千代・国松兄弟を前にして、「弟といえども臣下である」といったという記事がみえる。これから判断すると、お福から家康への直訴があったのは、それ以前だったと考えられる。

では、家康が、器量の点では弟国松に劣るとみられた竹千代を三代目に指名したのはどうしてなのだろうか。ただ、竹千代の乳母であるお福に懇願《こんがん》されたという理由だけではなかったことはいうまでもない。

たしかに、それまでの一般的な戦国的常識からすると、家督は兄弟たちのなかで最も器量ある子どもに譲るほうがよい。家康は、関ヶ原《せきがはら》合戦後から、そうした考え方を少しずつ変えていったのではなかろうか。基本は、「世の中は安定してきた」ということである。「乱世には器量のある人間が家を束ねることが必要だが、世の中が安定すれば、むしろ、秩序を保つほうが先決だ」と考えた。

戦国大名家をみると、兄弟による跡継ぎ争いが原因で戦いになったという例が結構多い。家康は、力のある者ではなく、年齢順に上から家督を決めていったほうが世の中は安定するとみたのである。儒教《じゅきょう》の教えでいう「長幼《ちょうよう》の序」という考え方である。

身を挺して主君を諫める傅役

『慶長見聞録案紙』という史料に、慶長九年（一六〇四）十一月八日、竹千代がはじめて江戸城半蔵門外にある産土神《うぶすながみ》の山王社《さんのうしゃ》に宮参りをしたときの記事があるが、そこには、「御《お》懐《ふところ》守《もり》水野勘八・川村善二・内藤甚十・大草治左衛門」と出てくる。御懐守は抱守《だきもり》のことであり、子育て係である。つまり、幼いころの竹千代は、乳母のお福と、この四人の抱守に育てられたことがわかる。

もっとも、抱守は身分が低く、子育て係とはいっても、教育担当ではなく、あくまで、竹千代を危険な目にあわせないように気をくばるガードマン的役割と考えたほうがいい。

やがて、ものごころがついてくるころになると、身分の高い**傅役《もりやく》**、すなわち守役がつけられることになる。帝王学の教授というか、いわゆる「将軍教育」が傅役によってはじめられることになる。

では、竹千代の傅役に抜擢されたのは誰だったのだろうか。ふつうは、**酒井忠《さかいただ》世《よ》・土井利勝《どいとしかつ》・青山忠俊《あおやまただとし》**の三人といわれている。『寛政重修《ちょうしゅう》諸家譜《しょかふ》』の青山忠俊の項につぎのようにみえる。

九月（元和元年）或は十一月 酒井忠世・土井利勝とおなじく大猷院《たいゆういん》（家光）殿を輔翼《ほよく》したてまつるべきむね、両御所（家康・秀忠）より懇《ねんごろ》の仰《おおせ》をかうぶる。

また、『武野燭談《ぶやしょくだん》』にも、「酒井雅楽頭《うたのかみ》忠世、土井大炊頭《おおいのかみ》利勝、青山伯耆守《ほうきのかみ》忠俊三人を竹千代輔佐の臣に附けさせ給ひけり」とある。「両御所より懇の仰をかうぶる」とあるところからすると、この三人を指名したのが父秀忠だけでなく、祖父家康の意向だったこともうかがえて興味深い。

この場合、土井利勝の智《ち》、酒井忠世の仁《じん》、青山忠俊の勇《ゆう》で、将の器として必要な「智・仁・勇」を身につけさせようと考えていたことがうかがわれる。

ただ、酒井忠世・土井利勝の二人は当時、老中《ろうじゅう》の職にあり、実際に、常に竹千代の側にいて、帝王学の教授にあたっていたのは青山忠俊であった。おそらく、そうした事情もあったのであろう。少年時代の竹千代のエピソードには、青山忠俊がしばしば顔を出してくるのである。青山忠俊が竹千代を諫《いさ》めるときの諫め方がまたふるっている。前述の『武野燭談』にはつぎのようにみえる。

伯耆守（青山忠俊）は御諫めを申上げて、少し御難渋なる時は、自ら無刀になり、大肌脱《おおはだぬぎ》にて御膝の上に這懸《はいがか》り、某《それがし》を御成敗遊ばされて、上の御心を直され候と、強く諫め争ひ申す事度々なりき。

ここにみえるように、**「それでも行いを改めないなら、私を斬ってくれ」**と、竹千代の膝にすがって諫めたという。

その他、竹千代がすでに元服《げんぷく》して家光を名乗ってからのことであるが、家光が踊りにこったことがあり、髪を結わせて、合わせ鏡で化粧をしていることがあった。それをみた青山忠俊は、やにわに家光の手から合わせ鏡をとりあげ、庭へ投げ捨てるということもあった。これが、家光二十二歳のときというのだから、傅役もずいぶん手を焼いたことであろう。

元服、そして将軍職継承へ

竹千代が元服して家光と名乗るのは元和六年（一六二〇）九月七日である。この年正月、竹千代は正三位《しょうさんみ》・権大納言《ごんのだいなごん》の叙任《じょにん》を受けていた。その位記宣旨《せんじ》が江戸城に届いたのが九月六日であった。なお、弟の国松も八月に従四位下《じゅしいのげ》・参議《さんぎ》兼左近衛権《さこんえごんの》中将《ちゅうじょう》に叙任されており、九月七日、同日に国松も元服し、忠長となった。このとき家光十七歳、忠長十五歳である。十七歳で元服というのは、別に遅いわけではないが、実は、家光はもっと早く元服するはずだったのが、延び延びになってしまっていたのである。

竹千代を早く元服させたいと考えていたのは家康である。家康は元和二年（一六一六）四月、自ら上洛《じょうらく》するつもりでいた。そして、九月に、京都で竹千代を元服させようと考えていたが、京都ではなく、江戸へ場所の変更を考えていたところ、その年正月、家康自身が病気となり、四月十七日に歿《ぼっ》してしまった。家康は竹千代の元服をみることができなかったのである。結局、父秀忠の手によって元和六年（一六二〇）九月七日の元服となった次第である。

なぜ、元和二年の予定が六年になったのか。また、竹千代と弟の国松がなぜ同日に元服したのかなど、謎は多い。ただ、秀忠は、家康の意向もあって、早くから後継者は竹千代、すなわち家光と決めていたようで、家康の死の翌年、元和三年十一月には、竹千代を江戸城の**西の丸**に移している。竹千代が将軍世子《せいし》であることはこの時点で明確となったのである。

そして、そのころの興味深いエピソードが新井白石《あらいはくせき》の著わした『藩翰譜《はんかんふ》』にみえるので、かいつまんで紹介しておきたい。

『藩翰譜』では元和四年（一六一八）十月のこととしている。国松はそのころ鉄砲の稽古をしていて、江戸城のなかで鳥を撃ったりしていた。ある日、鴨《かも》を撃つことができたので、それを母のお江にみせたところ、「今晩はこの鴨を料理して父上をおもてなししましょう」ということになった。

秀忠がよばれ、「この鴨は国松が撃ったものでございます」と、国松もお江も得意気に秀忠に話したものであろう。秀忠が「どこで撃ったのじゃ」と国松に質問すると、国松は「西の丸の濠で撃ちました」と答えた。

すると、それまでにこにこして鴨料理を食べていた秀忠の顔色が変わり、もっていた箸を落とし、「西の丸には竹千代がいるのを知らぬのか。臣下たる者が主君の城に向かい鉄砲を撃ちかけるとは何事か」と、怒って席をたってしまったという。

この話、あまりにもドラマチックであり、うまくできすぎているという印象がある。どこまで事実であったかはわからない。ただ、国松をかわいがっていた秀忠も、そろそろ、このころには、竹千代が主君、国松を家臣とする意識をもち、けじめがつけられていたことを示すエピソードとしては使えるのではないかと考えている。

家光が元服して三年後の元和九年（一六二三）七月二十七日、秀忠は将軍職を家光に譲っている。徳川三代将軍家光の誕生である。この年、秀忠は四十五歳、家光は二十歳となっているが、四十五歳といえばまさに働き盛りなので、「なぜ隠居《いんきょ》したのだろう」と疑問に思う人も少なくないのではなかろうか。現代の感覚から、退職イコール隠居と考えてしまう傾向があるが、それはまちがいである。

この時代、**位を退くことと、第一線から退くこととはイコールではなかった。**家康のところでみてきたように、家康は将軍職を子の秀忠に譲ったあと、大御所《おおごしょ》として実権を握り続けていた。秀忠も家康と同じ道を歩もうとしていたわけである。

秀忠の場合、慶長十年（一六〇五）に家康から将軍職を譲られ二代将軍となり、いまみたように元和九年（一六二三）に家光に譲っているので、その間十八年間ということになる。もっとも、将軍になっても、家康が元気なうちはその下にあったため、実質的に秀忠が自分の思うままに政治を動かせたのは八年間しかなかった計算である。

ところが、秀忠のところで述べたように、秀忠の事績を追っていくと、実際に将軍として在職していた期間の政治より、将軍職を退いてからあとのほうが、特筆されるものを残しているのである。これは、秀忠が家康のときと同じように、大御所となって実際の政治をリードしていった結果である。

歴史というものは、どうしても、年譜や年表によってものごとがとらえられてしまう傾向がある。家光が元和九年七月二十七日に将軍になったといえば、その日からあとのできごとは、すべて新将軍家光の命令によって、あるいは意向によって動いていったと考えてしまう。しかし、それは錯覚である。大御所秀忠が元気なうちは、将軍家光よりも秀忠のほうが上に立っており、秀忠のリードで政治が執《と》られていたのである。このあたりに、幕府政治の複雑さ、理解のむずかしさがあった。

たとえば、それまでの朱印船《しゅいんせん》貿易を奉書船《ほうしょせん》貿易に切りかえたのは寛永《かんえい》八年（一六三一）のことで、年表だけで判断すれば、明らかに時代は三代将軍家光のときのことなので、「家光がやった」と理解されてしまう。しかし、その実際の推進役は秀忠だったのである。

「われは生まれながらの将軍である」

諸書の伝えるところでは、家光が将軍になったとき、諸大名を前に、「祖父家康は、そちたちの協力によって天下を統一し、将軍になった。父秀忠は、そちたちとは同僚であった。われは生まれながらの将軍である」と、啖呵《たんか》をきったという。この逸

さまざまな施策

幕府の主要な役職の整備

老中を頂点とし、若年寄、大目付、三奉行（寺社奉行、勘定奉行、江戸町奉行）などによって構成される幕府の統治機構が形成された。

日本人の海外渡航の全面禁止

海外貿易を制限し、いわゆる「鎖国」体制に入る。

寛永通宝の鋳造

平安時代に途絶えた日本独自の銅銭を復活させ、流通システムの強化。

話の真偽のほどはわからないが、家光が生まれながらの将軍だったことはたしかである。そうしたことも手伝って、家光の強権的政治が進められている。

一番はっきりしているのは**大名の改易《かいえき》**である。そのなかには、弟の忠長も含まれる。忠長についてはあとでくわしくみることにしたい。忠長だけでなく徳川一門および譜代《ふだい》大名二十家が改易され、外《と》様《ざま》大名も二十九家が改易されている。この数字は、初代家康、二代秀忠をはるかにうわまわっており、文字通り、「生まれながらの将軍」として、諸大名に遠慮することなく強権発動ができたことを示

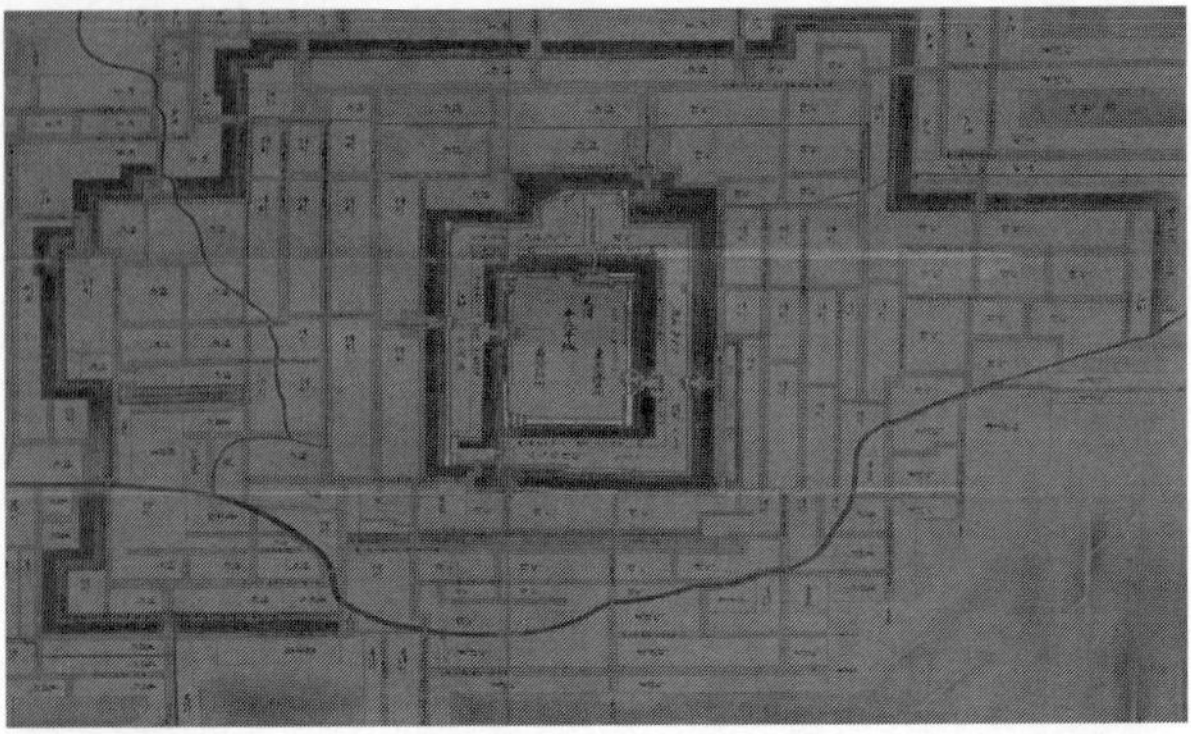
正保城絵図（写真は出羽国米沢城絵図）／国立公文書館所蔵

している。
この家光の力の政治を象徴的に示すできごとがもう一つある。それが、正保《しょうほう》元年（一六四四）にはじまる「**諸国郡絵図**」「**正保国絵図**」、それに「**正保城絵図**」の作成である。
この絵図作成は、幕府による全国支配権強化の一環であり、国ごとにすべての土地の所有権が将軍に帰属していることを確認したものであり、城絵図にはそれがさらに顕著である。というのは、本来ならば秘密事項であるべきはずの城の内部までこと細かに描くよう指示されていたからである。極端ないい方をすれば、諸大名は丸裸になり、秘密をすべてさらけ出した形となったわけで、家光の力の政治により、諸大名は完全に屈服させられたことになる。

実弟への復讐

さて、その後の弟忠長であるが、すでにみたように、秀忠およびその正室であるお江は忠長を後継者にと考えていた時期もあり、家康の意向によって兄の家光が三代将軍の座に納まるといういきさつがあった。そこで、家光が将軍となった翌年寛永元年(一六二四)、忠長は駿河《するが》・遠江《とおとうみ》・甲斐《かい》で五十五万石、駿府《すんぷ》城主になっている。「将軍になれないなら、せめて将軍に次ぐ大大名に」というわけである。駿府城は周知のごとく、家康が大御所としていた城である。忠長をかわいがっていた秀忠・お江の判断があったものと思われるが、結果的に、そのことがこのあと大問題となるのである。

忠長は寛永八年(一六三一)五月、突然、甲府への蟄居《ちっきょ》を命ぜられている。通説では、忠長の乱行あるいは不行跡が原因だというが、よくわからない。乱行・不行跡として語られているものには、「五十五万石では不足だ。百万石にしろ」と要求したとか、家人をむざむざ殺したという件もあげられており、さらには、駿府城の裏手にある浅間《せんげん》神社裏山に棲《す》む神獣とされている猿を千匹も殺したことなどがあげられている。つまり、〝狂気〟の行動というのが原因とされているのである。

また、蟄居を命ぜられる五年も前のことであるが、寛永三年（一六二六）、家光が上洛したとき、忠長が、家光一行のために大井川に浮橋《うきはし》を架けて渡したことも罪状とされている。この点は説明が必要かもしれない。大井川は、家康が「そこに橋を架けるな」と厳命していたところで、忠長はその家康の遺命に背いたというものである。

家光の立場に立てば、たしかにそうした論理は成り立つかもしれないが、忠長の立場からすればこれらの罪状は一種のいいがかりといえなくもない。たとえば、猿を殺した一件も、当時、神獣として保護されていた猿があまりに繁殖しすぎ、里におりてきて農作物などを食べたりして領民に相当な被害を与えていたと考えることもできる。つまり、忠長は、そうした領民の苦境をみて猿狩りに踏みきったわけで、これは〝善政〟である。

もしかしたら、家光は、こうした忠長がこわくなったのかもしれない。「いつ弟に将軍職をとって代わられるか」とライバル心を強くした可能性は否定できない。

このあと、忠長はさらに高崎城主・安藤重長《あんどうしげなが》のところに預けられ、寛永十年（一六三三）十二月六日、その地で自刃《じじん》しているのである。

なお、家光の性行を一言でいうのはむずかしいが、人から批判されるのは嫌っていたらしく、また、我慢強くはなかったようである。[*1] 最大の趣味は鷹狩りで、これは祖父家康譲りといってよい。晩年近くには、月のうち三分の一近くは鷹狩りに出ていたという。さらに小堀遠州《こぼりえんしゅう》に茶を習い、**狩野探幽**《かのうたんゆう》に絵を学び、剣を**柳生宗矩**《やぎゅうむねのり》に学ぶなど、いかにも将軍らしく、当代一の人物から教えを受けていたことが知られている。

＊1　諫言する臣は得がたく、重用すべきところだが、将軍になった家光がまずしたことが青山忠俊の追放だった。

大奥の組織的整備

家光の業績としてもう一つ忘れてならないのが江戸城大奥[*2]の制度化である。『徳川実紀《じっき》』によると、江戸城本丸《ほんまる》に大奥の建物ができたのは慶長十二年（一六〇七）で、大奥の警備をつかさどる大奥留守居役《るすいやく》が置かれたのは翌々十四年のことであった。大奥は次第に重要な一角になっていったのである。

家光が将軍になった元和九年（一六二三）、家光はお福を大奥女中の取締りの役につけている。職名は御年寄《おとしより》で、同時に「**大奥法度《はっと》**」を制定している。そのころまで、男たちのいる「表」と、女だけの「大奥」との隔離は完全ではなかったが、これを機にきびしくなっている。つまり、ここにおいて、「表」の絶対者・将軍家光と、「大奥」の絶対者・大奥総取締役お福という図式が固まったのである。ちなみに、このあと、お福は、寛永六年（一六二九）の後水尾《ごみずのお》天皇謁見《えっけん》にあたり、春日局という称号を与えられている。

なお、家光は、まだ将軍世子であった元和九年（一六二三）を初度として、慶安《けいあん》元年（一六四八）の家康三十三回忌まで、合わせて十度の日光社参を行っており、秀忠死後のことであるが、大規模な**日光東照宮**《とうしょうぐう》**造営**に取りくんでいる。これは寛永十一年（一六三四）十一月にはじめられ、十三年五月に完成している。[*3]

家光自身は、慶安四年（一六五一）四月二十日に歿し、寛永寺《かんえいじ》に葬られ、のち日光東照宮に葬られた。法号を大猷院《たいゆういん》という。

＊2　大奥は江戸城本丸の天守付近に位置していた。現在、私たちがイメージする、将軍の正室（御台所）や側室、奥女中たちが暮らす、外界と隔離され、閉鎖された場所となったのは、秀忠の時代であり、家光の乳母であった春日局が組織的整備を行ってからである。世継ぎが生まれないと心配した春日局は、家光の気に入りそうな美女三千人を集めたという説もある。

＊3　家光は父秀忠に冷遇されたぶん、自分を将軍にすえてくれた祖父家康への敬愛の念が強くなった。朝夕二回ずつ正装して家康の霊をおがみ、家康への感謝の言葉をお守り袋に入れて持ち歩いたという。

家光の評価～生まれながらの将軍として大鉈を振るう

三代将軍徳川家光は諸大名を前に、「われは生まれながらの将軍である」といい放ったといわれている。たしかに、初代家康にしても、二代秀忠にしても、諸大名の協力があって、徳川幕府を誕生させてきたわけであるが、家光のときにはすでに幕藩体制はできあがっていた。

とはいえ、家光もトントン拍子で三代将軍の座についたわけではない。弟の国松、すなわち徳川忠長に家督を奪われる危険もあったのである。その意味で、家光にとって、乳母のお福（のちの春日局）の存在は大きなものがあり、また、その働きかけで、家康が「家督は年長者が継ぐ」といってくれたわけで、家康を自分の父秀忠よりも大事に思うようになっていったのである。

その祖父家康崇拝の結果、寛永十一年（一六三四）からの日光東照宮の造営につながることになる。当時の最高の技術を駆使しており、陽明門《ようめいもん》をはじめ国宝建造物が多いことは周知の通りである。

家光も父秀忠と同様、大名の改易を断行しており、幼いころからのライバルともいうべき弟の忠長を自刃させたのは、秀忠の死後のことだった。秀忠の死によって、忠長の生殺与奪《せいさつよだつ》の権を家光が握った結果である。

なお、家光の評価にかかわることとして、もう一つ指摘しておかなければならないのが大奥の制度化である。乳母のお福が家光の側室さがしをして、その結果、後継者に恵まれた家光としては、大奥の存在が大きなものと意識されるようになり、元和九年（一六二三）にはお福を大奥女中の取締りの役につけ、さらに「大奥法度」を制定しているのである。

この大奥があったおかげで、このあと、歴代将軍の世継ぎが確保されていったという意味でも、徳川将軍家世襲の歴史にとって大きな成果だったといってよい。

決断力 
統率力 
教養 
経済感覚 
構想力 

四代　家綱《いえつな》

三代将軍徳川家光《いえみつ》の長男として生まれ、早くから将軍世子《せいし》として育てられ、わずか五歳で元服《げんぷく》している。

家綱が十一歳のとき、父家光が亡くなったため、将軍職を継いでいる。二代秀忠《ひでただ》、三代家光のときは、前将軍が健在なうちに譲位が行われ、一種の見習い期間があったが、家綱のときはそれがなく、徳川将軍家としてははじめての幼少の将軍となった。

ただし、幕藩体制のしくみはできあがっており、家光の異母弟・保科正之《ほしなまさゆき》や酒井忠勝《さかいただかつ》・松平信綱《まつだいらのぶつな》・阿部忠秋《あべただあき》・井伊直孝《いいなおたか》ら重臣の補佐によって、政治はそれまで通り行われ、新たに、末期養子《まつごようし》の禁の緩和、殉死の禁止、大名証人の廃止の取りくみは「三大美事」といわれている。

また、明暦《めいれき》の大火で江戸城天守が焼失したあと、保科正之の意見を容れて再建をせず、その金を江戸の町の復興にまわしたことでも知られている。

ただ、晩年は、大老《たいろう》・酒井忠清《さかいただきよ》のいうがままになり、「左様《さよう》せい」とばかりいったため、「左様せい様」などとよばれた。

幕府が迎えるはじめての幼君

家綱《いえつな》は寛永《かんえい》十八年（一六四一）八月三日、三代将軍家光《いえみつ》の長男として江戸城に生まれた。家光三十八歳にしてはじめての男子の誕生である。母は側室《そくしつ》・増山《ましやま》氏《し》お楽《らく》の方であるが、家光の乳母《めのと》・お福が江戸浅草で見いだしたといわれている。『徳川実紀《じっき》』『以貴小伝《いきしょうでん》』などによると、江戸浅草に住んでいたお楽が、寛永十年（一六三三）、十三歳のとき、たまたま浅草寺《せんそうじ》に参詣《さんけい》にきたお福の目に留まり、召し出されたのだという。お楽の方の父親については、大沢清宗・朝倉惣兵衛・青木利長などの名前があげられているが、よくわからない。一説には、お楽の父は御法度《ごはっと》の鉄砲で鳥を獲り、これを売っていたために死刑になったともいわれている。出自はどうであれ、お福としては、**早く家光の男子誕生をみたい**との思いで、美少女だったお楽を引き取り、それにさらに磨きをかけ、家光の目に留まるよう育てたものと思われる。

お福の部屋子だったとき、奥女中らが面白がって歌を歌わせていたところ、お楽の歌う麦搗歌《むぎつきうた》に興味をもった家光が彼女を見そめ、側室に招いたという話も伝えられている。

幼名を竹千代《たけちよ》とつけられた。竹千代はいうまでもなく、父家光と、その家光が崇《すう》敬《けい》してやまない家康《いえやす》の幼名である。三十八歳ではじめて男子を得た家光にとっては、「自分の後継者」という思いがあったのであろう。

この竹千代、三歳となった寛永二十年（一六四三）七月には二の丸に移っている。要するに、将軍世子《せいし》としての待遇がはやばやと与えられたことになる。そして、翌正保《しょうほう》元年（一六四四）には家綱という諱《いなみ》がつけられ、さらに翌年四月には、**わずか五歳で元服《げんぷく》**という段どりである。元服した日、家綱は従三位《じゅさんみ》・権大納言《ごんのだいなごん》に叙任《じょにん》され、さらに即日、正二位《しょうにい》に昇叙されている。

家光が、なぜまだ幼い家綱に将来の将軍職を約束するような手を次からつぎに打っていったかであるが、家綱と弟の綱重《つなしげ》・綱吉《つなよし》との差別化をはかったからではないかといわれている。家光自身、まだ竹千代といっていた子どものころ、弟の国松《くにまつ》に家督《かとく》を奪われそうになった経験が影響していたことは考えられる。

こうして、家綱は次期将軍候補として大事に育てられた。生後まもなく付けられた傅役《もりやく》の**牧野《まきの》信成《のぶしげ》**のほか、十八松平[*1]の一つである大給《おぎゅう》**松平《まつだいら》乗寿《のりなが》**が付けられ、慶安《けいあん》三年（一六五〇）には、老中《ろうじゅう》職はそのまま**阿部《あべ》忠秋《ただあき》**が家綱の傅役となっている。彼らによって、将軍としての「帝王学」教授も行われた。

その家綱に思わぬ早さで将軍への出番が訪れた。慶安四年（一六五一）四月二十日、父の家光が四十八歳の若さで亡くなったのである。このとき、家綱はまだ**十一歳**だった。

これまで、二代将軍にしても、三代将軍にしても、前代が健在なうちに譲位《じょうい》が行われてきたわけであるが、ここにきて、将軍生存中の譲位というわけにはいかなくなった。しかも、まだ十一歳、未成年の将軍ということになる。ただ、幸いだったのは、家綱の場合、父家光の意向もあって、早くに元服し、かつ将軍世子としての扱いを受けていたため、大した混乱もなく、その年の八月十八日には将軍宣下《せんげ》があった。ただし、徳川将軍家としてははじめての幼少の将軍誕生というわけである。

政治は家来まかせ

しかし、幸いなことに、すでに幕政のレールは家光の時代にしっかり敷かれていたのである。ことに、前将軍家光の異母弟・**保科正之**《ほしなまさゆき》といった徳川一門の大名や、酒井忠勝《さかいただかつ》・松平信綱《のぶつな》・阿部忠秋ら、重臣《じゅうしん》の補佐によって政治はそれまで通り行われたのである。堀田正盛《ほったまさもり》・阿部重次《あべしげつぐ》といった重臣が家光の死を追って殉死《じゅんし》したりしたが、基本路線は十一歳の幼君を戴《いただ》いたそれら重臣によって進められた。

なお、この家綱のとき、**側衆**《そばしゅう》*2の制度化がみられるが、これは、幼少将軍の誕生が

*1　徳川家康の祖父である松平清康の時代までに成立した庶流の諸家で、十八家あるといわれていたことによる。

*2　将軍と幕閣との取次役、諸大名の監察、評定所への出座など重要な職務を担っていた。御側衆とも呼ばれた。

あったからであった。家綱がはじめて江戸城本丸《ほんまる》の表（中奥）にある寝所に大奥から移って寝ることになったのは、十三歳となった承応《じょうおう》二年（一六五三）二月のことであった。しかし、五日ほどすると、「まだ寒い、暖かくなるまではこれまで通り大奥で寝たい」といって、また大奥にもどってしまった。

家綱が表（中奥）の寝所で寝るようになったのは、同年九月からのことという。そして、このとき、久世広之《くぜひろゆき》・牧野親成《まきのちかしげ》・内藤忠由《ないとうただよし》・土屋数直《つちやかずなお》が交替で宿直《しゅくちょく》することになり、のちにこの職は側衆と称されるようになったのである。この側衆が家綱政権の中枢を担うわけなので、幼少将軍の出現が思わぬ副産物を生んだともいえる。

武断政治から文治政治へ

家光が亡くなり、家綱が新将軍となった慶安四年（一六五一）、慶安の変、あるいは慶安事件とよばれる事件が勃発《ぼっぱつ》した。いわゆる**由井正雪《ゆいしょうせつ》の乱**である。由井正

雪は由比正雪とも書かれる軍学者だが、事件は丸橋忠弥《まるばしちゅうや》ら浪人の反乱計画であった。

幕府による大名・旗本の改易《かいえき》によって多くの浪人が生まれていた。浪人の救済を唱える正雪は、若年将軍の登場を好機として幕府転覆《てんぷく》のため蜂起《ほうき》を計画したが、途中で訴人が出て発覚し、正雪は駿府《すんぷ》で、駿府城代の手などに囲まれ自害した。この事件が手際よく処理されたことで、家綱政権が安定をみたといわれている。

ところで、家綱時代の施策のなかで、**「三大美事」**といわれるものがある。

末期《まつご》養子の禁の緩和、**殉死《じゅんし》の禁止**、**大名証人の廃止**の三つである。そして、これらのことが、将軍政治がいわゆる武断《ぶだん》政治から文治《ぶんち》主義*3へ移っていく指標だともされているので、この「三大美事」をもう少し掘り下げてみたい。

まず末期養子であるが、急養子というい方もする。江戸時代、武家の当主が重病危篤《きとく》となって急に願い出た養子のことである。初期には、幕府が認めなかったため、跡継ぎがなく断絶・改易となる大名は少なくなかった。そのため、多数の浪人が出て、社会不安の要因となっていたが、慶安事件を機に、末期養子を認めることになったのである。要するに、五十歳以下の者が、末期に養子を願った場合、これを許可するというものである。

殉死の禁止は、寛文《かんぶん》三年（一六六三）五月、「武家諸法度《ぶけしょはっと》」頒布《はんぷ》のときに、それに添えられて伝達されている。殉死というのは、死者を追って、妻子・臣下・従者などが自発的もしくは強制的に死に至らしめられることで、江戸時代には、主君の死に際して死後も随行しようとする習いがあり、追腹《おいばら》とか供腹《ともばら》とよばれ、殉死が主君への忠義を表す美風とみなされていたわけであるが、将軍家綱のときに禁止された。

そして、三つ目の大名証人の廃止であるが、これは、諸大名が幕府に差し出していた証人（人質）を、寛文五年（一六六五）七月、家康の五十回忌法会にあたって廃止したものである。

これら「仁政《じんせい》」を推進したのが幕閣《ばっかく》、すなわちブレーンである。保科正之、それに井伊直孝《いいなおたか》、老中の松平信綱・阿部忠秋といった面々である。

江戸時代最大の大火

保科正之は、家綱にとっては叔父にあたる。保科正光《まさみつ》の養子となり、寛永八年（一六三一）信濃高遠《しなのたかとお》藩主、出羽《でわ》山形藩主を経て、同二十年（一六四三）陸奥会津《むつあいづ》

＊3　泰平の世を背景に、武力ではなく人心をつかむことで世の中を治めようという政治路線のこと。

藩主・保科家初代、二十三万石。家綱の補佐を家光から依頼される。

この保科正之で注目されるのが、明暦《めいれき》三年（一六五七）の**明暦大火**後の動きである。明暦大火は振袖《ふりそで》火事の名で知られ、江戸の町は市街の六割以上が焼け、大名の邸宅五百余、神社仏閣も三百余が焼け、死者十万人という未曽有《みぞう》の大火であった。

この大火で江戸城の天守《てんしゅ》も焼け落ちてしまった。当時はまだ天守が城の象徴と考えられていた時代だったので、家綱はただちに天守の再建を命じた。建物は焼けたが、石垣はそのまま残っていたので、その石垣の上に天守を建てればよいと考えがちであるが、この振袖火事のときの火勢はきわめて強く、石垣の表面が焼け、もろくなってしまったのである。そこで、石垣から積み直すことになった。

このとき、石垣積みを命じられたのが、加賀《かが》藩前田家であった。前田家では領内から五千人の人夫《にんぷ》を徴用し、江戸に送っている。伝えられるところによれば、石や土砂を運ぶための大八車《だいはちぐるま》を五百台もつくらせたというのだから、いかに大がかりな工事だったかがわかる。

前田家では御家の安泰《あんたい》と、藩の威信をかけて急ピッチで工事を進めたため、比較

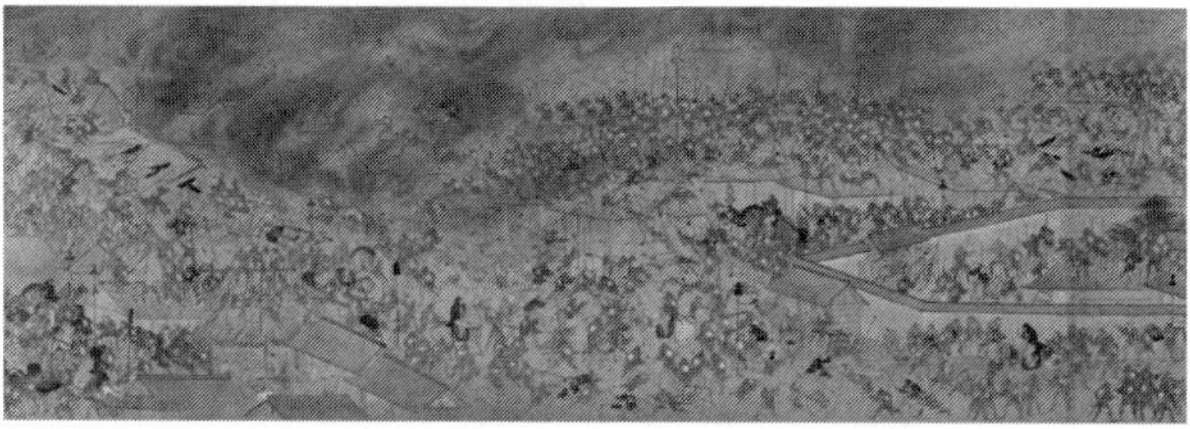

田代幸春「江戸火事図巻」／東京都江戸東京博物館所蔵、DNPartcom

的短期間で工事は完成に近づいた。

ところが、石垣がほぼできあがったとき、横槍《よこやり》が入った。横槍を入れたのは保科正之であった。しかも、単なる叔父という立場ではなく、正之は家光が亡くなるとき、家綱の補佐役を正式に依頼されていたのである。

石垣がほぼ積み終わり、天守台にいよいよ天守を載せる段になって、その保科正之が、「天守は必要ないのではないか」といい出したのである。

石垣を積みはじめる前とか、最初の段階ではなく、ほぼ完成という段階になって、「天守は必要ないのではないか」と横槍を入れたのはなぜなのか、その真意をはかりかねるという側面もあるが、江戸の町の復興が思いのほか難航し、金も予想以上にかかりそうな現実をみて、「動き出した事業ではあるが、途中でも止めたほうがよい」と判断したのではないかと思われる。

正之の主張は、「すでに戦いのない世の中になり、**天守はもはや無用の長物**。無駄な金は使わないほうがよい」というものであった。二万石とか三万石程度の小さな大名の城にも天守がそびえていた時代、しかも、天守が城の象徴のように受けとられていたこの時代、「将軍の城であっても天守は不必要」といいきるのは、かなり勇気のいる提言だったと思われる。一大名の提言では無理だったろう。

結局、天守築城用の経費が江戸の町の復興費に充てられており、正しい選択であった。

高い家格を維持し続けた井伊家

この保科正之とともに家綱を支えたのが井伊直孝である。井伊直孝は家康の家臣で「徳川四天王」の一人にカウントされている井伊直政《なおまさ》の二男として、天正《てんしょう》十八年（一五九〇）、駿河の藤枝《ふじえだ》（一説に焼津《やいづ》）で生まれている。母が側室だったため、家督は兄で正室《せいしつ》との間に生まれた直継《なおつぐ》（のち直勝《なおかつ》）が継いでおり、直孝は秀忠《ひでただ》付となっていた。

ところが、兄の直継は病弱で、慶長《けいちょう》十九年（一六一四）の大坂冬の陣に出陣できなかったのである。そのとき、家康が、「譜代《ふだい》筆頭の井伊家が参陣しないようでは示しがつかない」と、直継の代わりに弟の直孝に出陣を命じ、井伊隊を率いさせたわけであるが、冬の陣、さらに夏の陣で直孝がみごとな働きをしたため、家康から家督交代の命令が出された。そのいきさつが『寛政重修諸家譜《かんせいちょうしゅうしょかふ》』の直孝の項に次のように記されている。

元和元年二月、東照宮（家康）直孝を駿府にめされ、兄直勝多病にしてその任にたへず。汝父直政が家督を相続し、軍務を握るべしとおほせありしかば、直孝辞したてまつり、天倫の序をみだし、弟としてその家をつぐ事あるべからずとて、安藤直次をもつて、再三固辞すといへども、上意すでに決す。違背すべからざるのむね、かさねて厳命をかうぶるにより、辞する事あたはずして、直政が領知近江国のうち、十五万石を領し、彦根城に住し、上野国の所領三万石を直勝にわかち賜ふ。

こうして、家康の意向によって、井伊家の家督は直孝がつぐことになり、直孝は加増を続け、最終的に三十五万石という譜代としては破格の扱いを受けるのである。

直孝は、以後、譜代大名筆頭の元老のような形で三代将軍家光および四代将軍家綱を補佐したが、直孝自身は老中とか大老《たいろう》という職についたわけではない。井伊家当主としてはじめて大老となったのは、直孝の子で彦根《ひこね》藩主・井伊家三代目の直澄《なおずみ》である。寛文《かんぶん》八年（一六六八）に大老になっている。

なお、大老というのは江戸幕府の職名で、**老中の上に立ち、幕府全般を統轄する幕府の最高職**である。ただし、常置されていたわけではなく、幕末まで十一人しか大老になっていない（柳沢吉保《やなぎさわよしやす》が大老ではなく大老格といわれるのは、大老は土井・酒井・堀田・井伊の四家より選任されることになっていたからである）。十一人のうち、五人までが井伊家から出ているので、いかに井伊家が幕府内で重く扱われていたかがわかる。

いつしかついたあだ名は「左様せい様」

家綱政権は、老中の酒井忠勝・松平信綱・阿部忠秋・松平乗寿《のりなが》および後見役として前述の保科正之・井伊直孝らがまわりを固め、武断主義から文治主義へと展開していった。

その後、寛文二年(一六六二)三月十六日、「知恵伊豆」と称せられた松平信綱が六十七歳で、七月十二日、酒井忠勝が七十六歳で亡くなったことで、幕閣の変化がみられた。同年二月二十二日、御側役の久世広之・土屋数直が**若年寄**[*4]になり、同月二十九日には、老中・若年寄の所管が定められ、幕府の職制が老中・若年寄を主軸とするものになっていった。久世広之は翌三年八月、土屋数直は同五年十二月に

＊4 老中に次ぐ江戸幕府の職。老中を補佐しながら、旗本・御家人を統轄した。1~6万石ほどの譜代大名から選任。

板倉重矩《いたくらしげのり》とともに老中になった。

なお、この土屋数直の土屋家は甲斐《かい》の戦国大名・武田《たけだ》氏の家臣であった。「武田二十四将」に数えられる一人に土屋昌次《まさつぐ》がおり、その弟に昌恒《まさつね》という部将がいた。彼は、武田勝頼《かつより》が自刃《じじん》するまでつき従っていて、勝頼の介錯《かいしゃく》をしたあと、自らも自害しているが、その子・忠直《ただなお》が家康に見いだされ、「忠臣の子は忠臣になる」と秀忠付となり、上総久留里《かずさくるり》二万石の大名となった。その子が数直というわけなので、武田遺臣《いしん》の末裔《まつえい》が老中になった珍しい例ということになる。このように、家綱時代の幕閣は多士済済《たしさいさい》といってよいが、特筆に値するのが酒井忠清《ただきよ》であろう。

酒井忠清は酒井忠行《ただゆき》の長男で、上野厩橋《まやばし》藩主四代目で、寛文六年（一六六六）三月、大老に進み、幕府の実権を握った。その屋敷が江戸城の大手門の下馬札《げばふだ》付近にあったので、**「下馬将軍」**とよばれた。家綱は幼少時から親しかったこの酒井忠清にすべてをまかせるようになり、まわりから、「左様《さよう》せい様」などとよばれている。

家綱は正室との間に子どもはなく、側室も流産をした女性はいたが、子どもには恵まれなかった。そのようなこともあって、酒井忠清は家綱の後嗣《こうし》として有栖川《ありすがわの》宮幸仁親王《みやゆきひとしんのう》の擁立《ようりつ》をはかって失敗し、綱吉《つなよし》が将軍になると大老を免じられた。

なお、家綱は延宝《えんぽう》八年（一六八〇）五月八日、病気で亡くなった。四十歳であった。院号を厳有院《げんゆういん》という。

家康・家光は鷹狩りを好み、よく鷹狩りに出たが、家綱はあまり健康ではなかったのかもしれない。鷹狩りはしていなかったようである。その代わり、絵を描くことが好きだったようで、狩野探幽《かのうたんゆう》や狩野安信《やすのぶ》（永真《えいしん》）などを招いていたことが知られている。また、碁を打ち、将棋をさし、能を楽しんでいるので、多趣味ではあったらしい。

家綱が描いた梅鶏図／徳川記念財団所蔵

家綱の評価～重臣主導による政治体制が盤石となる

初代徳川家康、二代徳川秀忠、三代徳川家光までの将軍のあり方と、四代徳川家綱からのそれとはかなりちがったものとなっている。その理由は、家綱が十一歳の若さで将軍職を継ぐことになったからである。

それまでは、将軍親裁という形だったものが、若いというか、幼い将軍の出現によって、将軍親裁というそれまでの形が維持できなくなったのである。将軍親裁に代わって、老中、さらには大老といった幕閣による政治がはじまったという点で、家綱将軍の出現は、幕府政治の大きな転換点となったといってよい。

ちなみに、老中という職名であるが、幕府の初期にはその職名はなく、年寄衆《としよりしゅう》とか出頭衆《しゅっとうしゅう》などとよばれていて、制度として確立してくるのは一六三〇年代からである。なお、家光が諸職を松平信綱・阿部忠秋・阿部重次三名の支配下に置いたところで、老中が制度的に確立したといわれている。その意味で、家綱が幼少で将軍職を継いだことで老中制が固定することになった点もみておかなければならない。

家綱を補佐したのは、家光の異母弟の保科正之のほか、寛永十五年（一六三八）から明暦二年（一六五六）まで大老を務めた酒井忠勝らで、彼ら補佐役によって家綱時代の「三大美事」といわれる政策が推進されていくことになる。

その「三大美事」とは、①末期養子の禁の緩和、②殉死の禁止、③大名証人の廃止の三つである。いずれも、それまでの戦国の余風ともいえる武断政治から文治政治に大きく舵を切ったものとして評価されている。特に末期養子の禁の緩和は、末期養子の禁によって御家断絶となる大名家が多く生まれ、そのため浪人が増加し、由井正雪の乱のような事態が頻発したことによる施策で、現実の事態が政治に反映された事例の一つである。

決断力	統率力
教養	経済感覚
構想力	

五代 綱吉《つなよし》

三代将軍徳川家光《いえみつ》の四男として、正保《しょうほう》三年（一六四六）正月八日に生まれる。母は家光の側室《そくしつ》・お玉の方で、幼名を徳松《とくまつ》といった。

綱吉は、上野館林《こうずけたてばやし》二十五万石の大名として館林宰相《さいしょう》とよばれていた。仮に、兄で四代将軍になっていた家綱《いえつな》に男子がいれば、綱吉に将軍の座がまわってくることはなかったし、また、もう一人の兄綱重《つなしげ》が健在であれば、綱重が五代将軍になるところであったが、綱重が亡くなり、家綱も子どもがないまま亡くなったため、家光四男の綱吉が五代将軍に迎えられることになった。

将軍になったばかりは「天和《てんな》の治」とよばれる善政が数年続いたが、やがて、側用人《そばようにん》・牧野成貞《まきのなりさだ》や柳沢吉保《やなぎさわよしやす》の重用によって、悪政に転じ、「生類憐《しょうるいあわれ》みの令」で、犬の保護などを行ったため「犬公方《いぬくぼう》」と揶揄《やゆ》されるに至る。

ただ「生類憐みの令」は単に犬や猫などの獣類保護という側面だけでなく、社会問題となっていた重病人の遺棄や捨て子の禁止の項目も含まれていて、先進的な福祉政策との見方もあることは事実である。

思わぬ展開での家督継承

三代将軍家光《いえみつ》には五人の男子があった。母親はいずれも家光の側室《そくしつ》である。長男で、のち四代将軍となった家綱《いえつな》を産んだのはお楽《らく》の方といった。もともとはお蘭《らん》といって、江戸浅草の古着屋の娘だった者を、お福、すなわち春日局《かすがのつぼね》が目をつけ、家光の側室とした女性である。

二男綱重《つなしげ》を産んだお夏の方は、大奥に勤める女性たちのなかでは御末《おすえ》とよばれる身分的には一番ランクが低い女性だったが、御末がする仕事である御湯殿《おゆどの》係[*1]をつとめているとき、家光の手がついて懐妊《かいにん》したものである。ちなみに、この綱重は、甲府二十五万石を領し、甲府宰相《さいしょう》とよばれたが、病弱で、延宝《えんぽう》六年（一六七八）に死んでしまった。もう少し長生きしていれば、順序としては五代将軍になれた男である。

そして、家光の三男・四男を年子で産んだのが**お玉の方**である（三男の生年はそ

綱吉の略系図

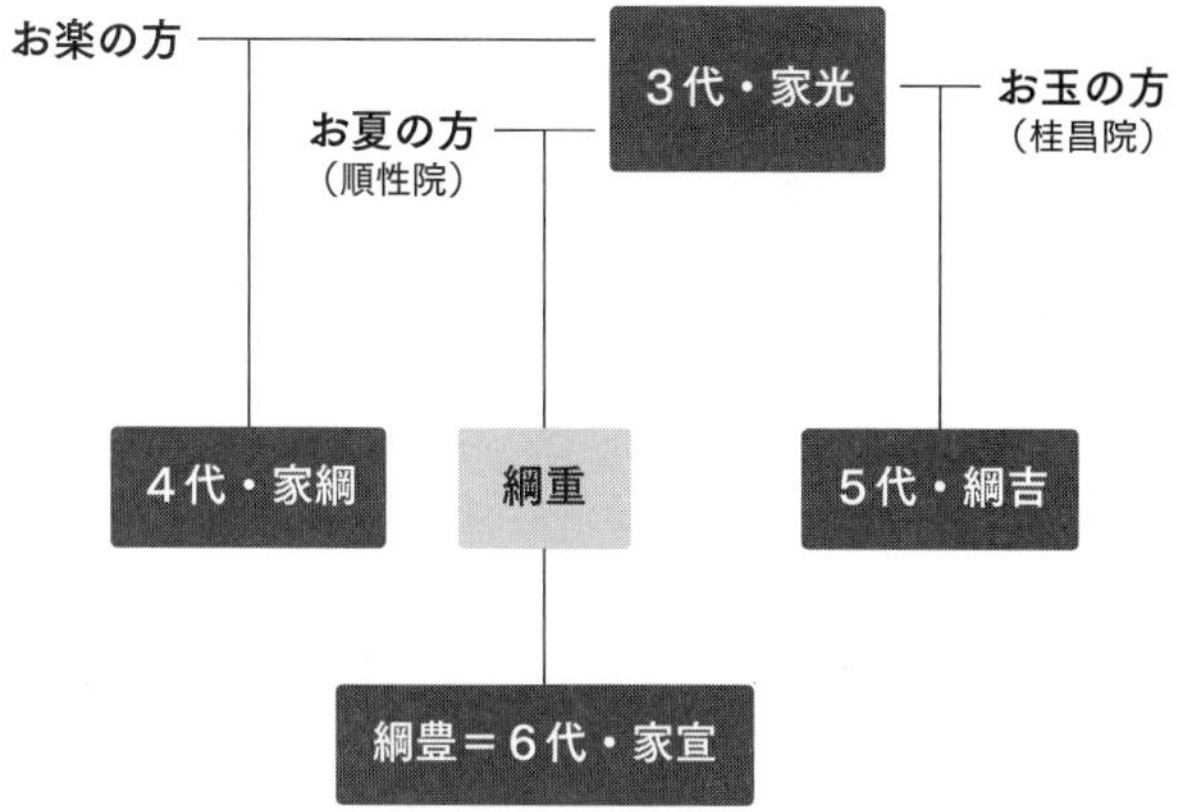

の二年前という説、また、生母はおまさの方という説もある）。京都の八百屋仁左衛門《にざえもん》という者の娘で、やはり家光の側室だったお万の方の縁で大奥に上がったといわれている。はじめ、お万の方の部屋子であったが、やがてお福の目にとまり、家光の寵愛《ちょうあい》を受けるようになったものである。綱吉の誕生は正保《しょうほう》三年（一六四六）正月八日である。

　三男の亀松《かめまつ》は三歳（五歳とも）で早

＊1　将軍が大奥で入浴する際に世話をする役のこと。

世してしまったが、四男の徳松《とくまつ》のほうは成長した。この徳松が綱吉《つなよし》である。

綱吉は、はじめ、上野館林《こうずけたてばやし》二十五万石の大名として、館林宰相とよばれていた。兄の四代将軍家綱に男子がいれば、そのまま**徳川親藩大名としての一生を終えるはずであった。**もう一人の兄綱重がいることでもあるし、自分が将軍になれるとは夢にも思っていなかったろう。

ところが、前述したように、綱重が延宝六年（一六七八）に亡くなったのに引き続き、将軍家綱も同八年（一六八〇）に死んでしまったのである。しかも、その家綱に男子がいなかったため、三代将軍家光の子である四男の綱吉に家督《かとく》がまわってきたというわけだ。

もっとも、家綱から綱吉への家督継承はスムーズに進んだわけではなかった。邪魔が入ったのである。

綱吉の相続に待ったをかけたのは、家綱の治世の下で大老《たいろう》をつとめていた**酒井忠《さかいただ》清《きよ》**である。忠清は家綱の死をうけて、「この際、鎌倉幕府の例にならい、京都から親王の一人を招いて将軍にするべきだ」と主張した。しかも、具体的に、忠清は、

「**有栖川宮幸仁親王**《ありすがわのみやゆきひと》**がよかろう**」と個人名まであげており、忠清主導である程度根まわしが進んでいたことをにおわせる。

当時、大老・酒井忠清の権勢は抜群だったので、ほかの老中たちは、内心では反対の気持ちを持っておりながら、表立って異を唱えることができないでいた。

ところが、そのとき、老中の列に加えられたばかりの**堀田正俊**《ほったまさとし》が、この忠清の親王将軍案に反対意見を述べている。正俊のいい分は明快で、「何も京都から迎えなくても、家綱様の弟がいるではないか」というものであった。結局、この正俊の勇気ある発言によって、綱吉が五代将軍になることができたのである。ちなみに、この堀田正俊であるが、三代将軍家光の死に際して殉死《じゅんし》した堀田正盛《まさもり》の子で、春日局の養子になっている。このときの綱吉擁立《ようりつ》の功により、天和《てんな》元年（一六八一）には大老になり、綱吉を補佐したが、**剛直な性格により敬遠**され、貞享《じょうきょう》元年（一六八四）、若年寄《わかどしより》・稲葉正休《いなばまさやす》に江戸城で刺殺された。

一説に、このとき忠清が「親王将軍を」といったのは、そのころ、家綱の胤《たね》を宿した女性がおり、生まれた子が男だと、のちのち面倒なことになるので、それが判明するまで、仮の将軍を親王にお願いしようとしたのではないかとする解釈もある。しかし、その女性についての真偽がはっきりしないので、確かなことは不明としかいいようがない。

前半生は名君だった

新将軍となった綱吉が真っ先にやったことは、酒井忠清の罷免《ひめん》であった。「自分の将軍就任を邪魔しようとした憎い奴」という、うらみの人事といってよい。

しかし、そのあとはしばらくの間、まともな政治を行っている。越後高田藩の御家騒動を親裁し、勤務不良の代官を大量に処分して綱紀粛正《こうきしゅくせい》をはかったほか、幕府財政の会計監査にあたる勘定吟味役《かんじょうぎんみやく》を創設するなど、みるべき成果をあげている。こうした政治がのちに「**天和《てんな》の治**」とよばれ、善政の見本とまでいわれることもある。

また、儒学者《じゅがくしゃ》・林鳳岡《ほうこう》を大学頭《だいがくのかみ》に任じ、後に幕府直轄学校「昌平坂学問所《しょうへいざかがくもんじょ》」に発展する**湯島聖堂**《ゆしませいどう》を創建するなど、広く学問を奨励したことも綱吉の功績である。

ただ、こうした善政も、将軍就任後、数年間続いただけで、そのあと、側用人《そばようにん》・牧野成貞《まきのなりさだ》や柳沢吉保《やなぎさわよしやす》の重用によって、悪政に転じていった。その象徴ともいうべきものが「**生類憐みの令**《しょうるいあわれみのれい》」である。

奇天烈な動物愛護令

「生類憐みの令」という名前から、「あるとき、そういう名称の一片の法令が出た」と思っている人が多いようである。ところが、「生類憐みの令」というのは、一回だけの法令ではなかったのだ。

具体的にいうと、貞享二年（一六八五）から綱吉没年の宝永《ほうえい》六年（一七〇九）まで、**二〇年以上**にわたって、ねちねちと、これでもか、これでもかというように出され続け、しかも次第に内容がエスカレートしていくという変わった法令だったのである。そのすべてを総称して「生類憐みの令」とよんでいるにすぎない。

たとえば、その発端とされるのは、「将軍御成りの道筋に犬猫を出していても構わない。御成りの際に犬猫をつないでおかなくともよい」というものだった。また、「犬が喧嘩《けんか》しているときには、水をかけて、お互いの犬が怪我《けが》をしないよう引き分けるように」ともある。このような、どちらかといえばつまらないことが、幕府のれっきとした法令として出されていたのである。そして、注目されるのは、犬の保護に力を入れている点である。

犬の特徴や所有者を記した「**御犬毛付帳**《おいぬけつけちょう》」を作らせ、江戸市中の犬を登録制としたこともその一つだし、江戸近郊の喜多見《きたみ》・四谷・中野などに、大名を動員して野犬の収容施設「**御囲**《おかこい》」を建設させたのもその一つである。

中でも、中野の犬小屋は広さ、二十九万坪とも十六万坪ともいわれ、多いときには、八万匹から十万匹の犬が収容されていたという。しかも、犬一匹につき、一日米二合と銀二分を費やしたというので、かなりの負担になったはずである。当時、

犬屋敷の跡地（東京都中野）

農民たちは、毎日米を食べることができたわけではなかった。自分たちが食べられないお米を〝お犬様〟が食べていたというわけなので、異常だったことはいうまでもない。

　ところで、では綱吉はどうして犬を大切にしたかであるが、綱吉の生母・お玉の方（桂昌院《けいしょういん》）が真言宗の僧・**隆光**《りゅうこう》に帰依《きえ》していて、その隆光の影響といわれている。通説では、天和《てんな》三年（一六八三）に五歳の嫡子・徳松を亡くし、男子に恵まれなかった綱吉が隆光に相談を持ちかけた際、「世継ぎが生まれないのは、前世で犯した殺《せっ》生《しょう》の罪過のためである。綱吉は戌年《いぬどし》の生まれなので、犬を愛護すれば罪障《ざいしょう》が消えて、世継ぎが誕生するであろう」と諭されたことを鵜呑《うの》みにし、世継ぎ欲しさに「生類憐みの令」を発したというのである。

しかし、隆光が綱吉の知遇を得たのは、先にみたいわゆる「犬猫つなぎ無用令」が出された翌年にあたる貞享三年（一六八六）とされているので、現在では、通説の見直しがなされている。

いずれにせよ、綱吉のこうした犬の保護を中心にした「生類憐みの令」が出され続けたことから、綱吉は「**犬公方**《いぬくぼう》」と揶揄《やゆ》されてもいる。

犬公方と呼ばれた男の真実

では、綱吉はなぜ「生類憐みの令」を出し続けたのだろうか。その動機には、当時の世情が強く関係していたとされているのである。

打ち毀し、写真は細谷松茂「幕末江戸市中騒動図 部分」／東京国立博物館所蔵、Image: TNM Image Archives

　綱吉は、将軍就任二年後の天和二年（一六八二）、「生類憐みの令」が出される前に、江戸で二匹の飼い犬を虐殺したということで、無宿人《むしゅくにん》を死罪に処している。犬を殺して死罪というのは極端なようだが、綱吉が将軍になった当時、世間では、放火・辻斬《つじぎ》り・打ち毀《こわ》しなどが多発しており、戦国時代以来の荒々しい風潮が残されていたのである。

　そんななか、異様な風体《ふうてい》で徒党を組み、乱暴狼藉《ろうぜき》を働く「**かぶき者**」と呼ばれる無頼《ぶらい》者が、権威への反抗を示す行為として、犬殺しや犬食いをくり返していたのである。

　幼少時より儒教を学び、また、仏教にも帰依していた綱吉は、文治政治を推進するためにも、彼ら無頼の徒を取り締まる必要性を感じ、殺伐とした風潮の一掃を目指そうとしたのである。その一環として、無益な殺生を禁じる「生類憐みの令」に至ったものと考えられる。

犬が特に対象となったのにも理由があった。そのころの江戸市中には野犬が横行しており、ゴミを荒らしたり、人に噛みついたり、時には捨て子を噛み殺したりといった「**犬害**」が問題となっていた。不衛生な犬に噛まれれば破傷風《はしょうふう》などの感染症に侵される危険性もあるわけで、綱吉が建設した大規模な「御囲」は、こうした野犬を隔離するという目的があったとの見方もある。

「生類憐みの令」の再評価

綱吉が「犬公方」と揶揄されていることから、「生類憐みの令」は犬に偏った法令だったとの印象があるが、実は、そうではない。前述した「犬猫つなぎ無用の令」の約二ヵ月後、綱吉は「拵《こしら》え馬」を禁じる「馬の筋延ばし禁令」を発している。「拵え馬」とは、馬の見た目をよくするために、腹や脚などの筋を強制的に伸ばしたり、焼き鏝《ごて》をあてて形を整えたり、尾先を焼いたりして成型された馬のことで、当時の武家社会に流行していた。綱吉はこれを「不仁《ふじん》」といって、法令で固く戒《いまし》めようとしたのである。「不仁」とは、仁の道に背くこと、さらには、慈しみのないことの意味である。

そしてもう一つ、犬の保護にばかり目が向けられるため、見落とされていることがある。綱吉は当時、江戸に横行し、社会問題となっていた**重病人の遺棄《いき》と捨て子を禁止**し、乳幼児の保護責任を親だけでなく、地域社会に求めようとしたのである。妊婦および七歳以下の子どもの名前を帳簿に記録させ、間引《まび》き（子殺し）や捨て子の防止に努めていることは意外に知られていない。こうしてみると、「生類憐みの令」は、人間を含む社会的弱者に対する先進的な福祉政策としての側面をもっていたことになるわけで、単なる悪法ではないと見直されつつあるのである。

このように見直しが進む「生類憐みの令」ではあるが、必ずしも善政とはいえない側面もある。たとえば、燕《つばめ》を吹き矢で射殺した旗本《はたもと》の家来が斬罪《ざんざい》に処せられたり、病気になった馬を捨てたということで遠島《えんとう》になるなど、「生類憐みの令」がらみの処罰は毎年のようにみられ、元禄《げんろく》八年（一六九五）十月におきた事件はかなり大がかりなものであった。

この事件がおきたのは大坂で、大坂の同心《どうしん》・与力《よりき》*2十一人が、おそらく生活費や遊興費の足しにしようとしたのだろう、ひそかに鳥を撃って、それを町人に売っていることが発覚し、十一人全員が切腹を命じられている。いってみれば、人の命が鳥の命より軽かったということになる。

結局、犬・猫・馬などの獣類からはじまった「生類憐みの令」は、鳥類におよび、ついには魚介類にまでおよんだ。つまり、**魚介類の販売が禁止**され、食卓から魚介類が姿を消すという異常な事態となった。元禄十三年（一七〇〇）七月二十四日付の法令では、とうとう鰻やどじょうの販売まで禁止されているのである。

先進的福祉政策としての側面をもちながら、庶民生活を圧迫したという点では「生類憐みの令」はやはり、悪法というか、愚法といわざるをえない。問題は、こ

柳沢吉保

うした悪法・愚法がなぜ長期間にわたって存続したのかである。誰もこれをやめさせることができなかったのだろうか。誰も諫言《かんげん》する者はいなかったのか。

　結論からいうと、いなかったということになる。綱吉のブレーンといわれるのは、柳沢吉保《やなぎさわよしやす》・牧野成貞《まきのなりさだ》、それに荻原重秀《おぎわらしげひで》であるが、彼らはいずれも成

＊2　町奉行の補佐官が与力、その与力に仕えたのが、今で言う警察の同心。そしてその下に町の協力者の岡っ引きがいた。

り上がりの出頭人《しゅっとうにん》であった。実は、この点が大いに関係していたと思われる。

彼らにしてみれば、せっかく築いた地位を綱吉の政治を批判、あるいは非難することで失いたくなかったのである。綱吉の機嫌をそこねることは何としても避けたいと考えたのであろう。諫言などおろか、綱吉の気に障《さわ》らないようゴマすりに徹していたものと思われる。要するに「生類憐みの令」は、綱吉と一握りの佞臣《ねいしん》たちとの合作だったのである。

ただ、最後に、綱吉弁護論もあるので紹介しておきたい。元禄五年（一六九二）、綱吉に謁見《えっけん》したドイツ人医師エンゲルベルト・ケンペルは、自身の著書『日本誌』のなかで、「**法律を厳格に守り、国民に対して憐み深い君主である**」と綱吉を評価しており、「日本は将軍のもとで、国民が完全に調和して生活している」と記している点は注目される。

湯島聖堂

文化が花ひらく一方で

　ところで、綱吉は多趣味で知られている。能役者を招いたり、歌学者・北村季《きたむらき》吟《ぎん》に三百俵の禄《ろく》を与えたり、また、**土佐**《とさ》**派絵所**《はえどころ》を創設したりもしている。[*3] さらに、すでに述べたように、聖堂を上野忍岡《しのぶがおか》から湯島に移し、そこに大成殿を設けて孔子《こうし》の像をまつっている。この湯島《ゆしま》聖堂が幕府の官学として昌平坂《しょうへいざか》学問所になったことは周知の通りである。

　なお、綱吉の治世は、延宝末年から天和・貞享・元禄・宝永と五つの年号をまたがり、足掛け三十年の長きにわたっている。その年号からも連想されるように、元禄の**赤穂《あこう》事件**[*4]、**宝永の富士山噴火**[*5]など大きな事件もあった。

綱吉が病気になったのは宝永五年（一七〇八）十二月二十八日で、病名は麻疹、すなわち「はしか」である。一時もち直したが、翌六年正月十日に亡くなった。享《きょう》年《ねん》六十四であった。院号を常憲院《じょうけんいん》という。

遺言で、「生類憐みの令」は続けるよう後嗣の家宣に指示したが、家宣は新井白石の意見に従って、一部を残してそれらを廃止にしている。

＊3　元禄時代は経済が高度成長を迎え、商人が富を蓄積していった時代だった。豪商たちがパトロンとなるかたちで文化が発展する。絵画では、朝廷の御用絵師・土佐派を再興した土佐光起に「一品経懐紙《いっぽんぎょうかいし》附《つけたり》　紅葉図」、土佐派の画法をもとに独特な装飾絵画の様式を生み出した俵屋宗達には「風神雷神図」がある。さらに、浮世絵という新しいジャンルが生まれ、菱川師宣には「見返り美人図」がある。芸術の分野では人形浄瑠璃と歌舞伎が大成する。文芸では、井原西鶴が『日本永代蔵』や『好色一代男』で人気を集め、俳諧では松尾芭蕉が登場した。

＊4　世に「忠臣蔵」として知られる、二つの事件。一つめの事件は元禄十四年（一七〇一）、勅使饗応役を命じられた播磨赤穂藩の藩主・浅野内匠頭長矩が高家筆頭の吉良義央に斬りつける、という刃傷沙汰におよんだ事件。内匠頭は即日切腹を命じられ、浅野家は断絶となった。それから一年九か月後、二つめの事件が起きる。元禄十五年（一七〇二）十二月十四日、大石内蔵助はじめ四十七人の赤穂浪士が吉良邸に討ち入り、吉良上野介の首を討ち取った。

＊5　宝永四年十一月二十三日に富士山が大噴火した。半月ほど続き、周辺地域には甚大な被害をもたらした。噴火一か月半前の十月四日には、宝永地震と呼ばれる大地震も起きている。

綱吉の評価～功罪相半ばする政治

五代将軍徳川綱吉の評価を下すのは、正直いって難しい。ご存じの「生類憐みの令」で犬の保護を行い、「犬公方」などと揶揄されているからである。その反面、のちに幕府直轄学校の昌平坂学問所へと発展する湯島聖堂を創建し、広く学問を推奨しており、「天和の治」とよばれているのである。また、幕府財政の会計監査にあたる勘定吟味役を創設し、勤務不良の代官を大量に処分して綱紀粛正をはかった功績もある。

さて、そこで悪法といわれる「生類憐みの令」であるが、たしかに、野犬の収容施設をつくり、庶民の口には入らない米を犬に与えていたとか、犬を殺しただけで人間が死罪になるなど尋常ではない。また、法令そのものも、犬・猫・馬などの獣類からはじまり、さらには鳥類、ついには魚介類にまでおよんでいる。食卓から魚介類が姿を消したわけで、庶民の食生活にも影響する事態となった。

そうした点からいえば、「生類憐みの令」はたしかに悪法の範疇《はんちゅう》に入ることはいうまでもない。とはいえ、どうしても、犬の保護のほうに目が向いてしまうので悪法ということになるが、実はもう一つ見落とされている面がある。実は綱吉は、当時、江戸に横行し、社会問題となっていた重病人の遺棄や、捨て子の禁止も訴えていたのである。

犬のほうにばかり関心が集まりがちであるが、当時、平気で行われていた捨て子や、間引き、すなわち嬰児《えいじ》殺しの風習をやめさせようとしていたわけで、これは獣類だけでなく、人間を含む社会的弱者に対する先進的な、今でいう福祉政策のはしりといってもいい。悪法の一言で片づけるわけにはいかないのではないかと思われる。

もちろん、そうはいっても、行きすぎだったことはいうまでもなく、跡を継いだ六代将軍徳川家宣は、綱吉の遺命にもかかわらず、「生類憐みの令」の廃止にふみきっているのである。

決断力		統率力	
教養		経済感覚	
構想力			

六代　家宣《いえのぶ》

甲府城主・徳川綱重《つなしげ》の長子として、寛文《かんぶん》二年（一六六二）四月二十五日に生まれる。幼名は虎松《とらまつ》。父綱重が関白《かんぱく》・二条光平《にじょうみつひら》の娘との婚儀をひかえていた関係で、家老《かろう》・新見備中守正信《にいみびっちゅうのかみまさのぶ》のもとに引きとられ、そこで成長したため、新見左近《さこん》とよばれた。

寛文十年（一六七〇）、甲府家の嫡子《ちゃくし》となり、延宝《えんぽう》四年（一六七六）に元服《げんぷく》し、従三位《じゅさんみ》・左近衛権中将《さこんえごんのちゅうじょう》に任じられ、四代将軍家綱《いえつな》の偏諱《へんき》を受け、綱豊《つなとよ》と名乗る。

延宝六年（一六七八）、綱重が亡くなり、綱豊は甲府二十五万石を相続し、さらに十万石を加増されて三十五万石となった。

五代将軍綱吉《つなよし》に後継の男子がいなかったため、綱吉は綱豊を養嗣子《ようしし》として世子《せいし》と定め、綱豊は甲府藩邸から江戸城の西の丸に入った。そこで名を家宣と改めている。

宝永《ほうえい》六年（一七〇九）正月十日、綱吉が病死したため、家宣が六代将軍となった。新将軍となった家宣は、一部を残して「生類憐《しょうるいあわれ》みの令」を廃止し、さらに、側近政治をやめさせ、新たに甲府藩主時代から仕えていた間部詮房《まなべあきふさ》を抜擢《ばってき》し、また侍講《じこう》・新井《あらい》白石《はくせき》を登用して善政を行った。これは後世、「正徳《しょうとく》の治」とよばれている。

父に振り回されっぱなしの幼少期

家宣《いえのぶ》は寛文《かんぶん》二年（一六六二）四月二十五日、徳川綱重《つなしげ》の長子として生まれ、幼名を虎松《とらまつ》といった。略系図を示すと次のようになる。

父綱重は、この系図からも明らかなように、四代将軍となった家綱《いえつな》、五代将軍となった綱吉《つなよし》の兄弟で、家綱の跡を綱重にという幕閣《ばっかく》の動きもあったが、大老《たいろう》・酒井《さかい》忠清《ただきよ》が反対するといういきさつもあり、綱重に将軍の地位はまわってこなかった。

家宣が生まれたとき、綱重は関白《かんぱく》・二条光平《にじょうみつひら》の娘との婚儀をひかえており、家宣を産んだ**お保良《ほら》の方**（長昌院《ちょうしょういん》）が乳母の侍女だったという身分の低さもあって、綱重の家老《かろう》・新見備中守正信《にいみびっちゅうのかみまさのぶ》のもとに引きとられ、そこで成長した。そのため、新見左近《さこん》とよばれた時期があった。

ところが、綱重には正室《せいしつ》との間に男子が生まれなかったため、寛文《かんぶん》十年（一六七〇）、甲府家の嫡子《ちゃくし》となり、延宝《えんぽう》四年（一六七六）、元服《げんぷく》し、従三位《じゅさんみ》・左近衛権中将《さこんえごんのちゅうじょう》に任じられ、将軍家綱の偏諱《へんき》を受け、綱豊《つなとよ》と名乗ることになった。

その二年後の同六年（一六七八）、綱重が亡くなり、綱豊は甲府二十五万石を相続し、さらに十万石が加増されて三十五万石となった。

綱吉の養嗣子として江戸城西の丸に入る

綱吉の嫡子・徳松《とくまつ》は天和三年（一六八三）、わずか五歳で夭折《ようせつ》したため、綱吉はひたすら跡取りの男子誕生を願ったが、「生類憐みの令《しょうるいあわれみのれい》」の効果もなく、その後も子は生まれなかった。綱吉には徳松のほかに鶴姫《つるひめ》という娘があり、紀州《きしゅう》藩主・徳川綱教《つなのり》に嫁《とつ》いでいたため、鶴姫と綱教の間に男子が生まれれば、その子に将軍職を譲りたいと考えていたが、その鶴姫が宝永《ほうえい》元年（一七〇四）に没してしまった。

そこで仕方なく、その年、綱吉は兄・綱重の子・綱豊を世子《せいし》と定め、江戸城西の丸に入れ、それまでの綱豊の名を家宣と改めさせている。綱吉の養嗣子《ようしし》となったわけであるが、この年、家宣は四十三歳であった。

そして、その五年後の宝永六年（一七〇九）正月十日、綱吉が病死することで、家宣が六代将軍の地位についた。

新将軍となった家宣がまっ先にやったことが**「生類憐みの令」を廃止**することだった。「生類憐みの令」の厳守は、綱吉の強い遺命であった。綱吉が亡くなる直前、側用人《そばようにん》*1の柳沢吉保《やなぎさわよしやす》を枕もとに呼んで、自分の死後も同令を撤廃してはならないと厳命していたものである。

それとともに、新将軍家宣が着手したのが側近政治の解体であった。柳沢吉保を隠退させたばかりか、側用人の松平輝貞《まつだいらてるさだ》・松平忠周《ただちか》らを罷免《ひめん》しているのである。

家宣は、甲府藩主時代からの家臣約二百名を幕臣《ばくしん》としており、そのなかから、側

新井白石

用人として**間部詮房**《まなべあきふさ》に老中《ろうじゅう》格を与え、侍講《じこう》の**新井白石**《あらいはくせき》とともに幕政を主導させている。新井白石が登用されたのは宝永六年六月で、家宣が将軍に就任した少しあとである。

　家宣の将軍在職期間は、家宣が正徳《しょうとく》二年（一七一二）十月十四日に五十一歳で病死したので、わずか四年足らずにすぎない。その後、世子の家継が七代将軍に就任して正徳六年（一七一六）、八歳で没してしまうので、この二人の七年余り

＊1　将軍の側近くに使え老中との間を取り次ぎ、絶大な権力をもつ。

の短い期間であるが、善政が行われたということで、後世、「正徳の治」とよばれることになる。

「正徳の治」と讃えられた善政

では、その「正徳の治」とは、具体的にどのような政治だったのかをみておきたい。いうまでもなく、「正徳の治」を実際に推進したのは間部詮房と新井白石の二人である。二人の関係は、新井白石が政策を立案・具申し、間部詮房が政策の実施にあたるというわけで、両者が文字通り、車の両輪となって幕政を展開していったのである。

「生類憐みの令」の廃止の他では、大銭《おおぜに》とよばれた宝永通宝《つうほう》（十文銭《じゅうもんせん》）の通用停止も注目されることである。

貨幣の改鋳《かいちゅう》が品位の劣る通貨を流通させたことによって民衆の不信を招き、*2 物価騰貴《とうき》につながった。このため家宣の遺令《いれい》という形で、慶長《けいちょう》の古制に復する**正徳金銀を鋳造**し、それによる貨幣素材の銀の流出を防ぐため、**長崎貿易の制限**を行っているのである。

家宣が新将軍となったとき、「武家諸法度《ぶけしょはっと》」が新たに出されているが、これも新井白石が関わっている。それまでの「武家諸法度」は和漢混交文であったが、白石は和文に改め、内容も体系的に整理されたものとなった。儒学《じゅがく》の政治理念にもとづく仁政の実行を要請し、役人の勤務心得を新たに規定し、綱紀《こうき》の粛正《しゅくせい》を図っているのが特徴である。

しかも、綱紀の粛正といっても厳罰主義で臨むのではなく、為政者《いせい》がまず責任を自覚し、道徳の実践に模範を示すべきとうたっているのである。

なお、**朝鮮通信使の礼遇《れいぐう》改善**も「正徳の治」の一つにカウントされているので次

＊2　綱吉の時代、勘定奉行の荻原重秀が財政危機を乗り越えるため、安易に貨幣改鋳を実施した。金貨や銀貨の質を落として数量を多くし、差額を幕府の収益にしていた。

にみておきたい。

正徳元年（一七一一）には、恒例により朝鮮から家宣の将軍就任を慶賀《けいが》する使節が来朝することになっていた。家宣は、これを迎える礼法についても白石に諮問《しもん》しているのである。

このとき白石は、従来の礼法には欠陥が多いことを指摘し、改革の必要を説いたので、家宣はこれを承認し、白石を応接の任に当たらせているのである。白石はそれまでの過度の厚遇を順当なかたちに改めている。

裁判に関しても、家宣はしばしば新井白石に諮問していたという。一例として知られているのが、宝永七年（一七一〇）の、京都の八瀬《やせ》の村民と比叡山《ひえいざん》との訴訟の件である。

八瀬の村民は、叡山の寺域内の山に入って薪《たきぎ》などをとり、生活の助けとしてきていたが、叡山に頼まれた町奉行所が、清浄であるべき寺領をけがすとして、立ち入りを禁止したため、村民が幕府へ提訴したのである。

この訴訟のとき、白石は、叡山の領域を尊重すると同時に、村民の生活も成り立

正徳元年朝鮮通信使参着帰路行列図巻（一部）／九州国立博物館所蔵

つようにするため、幕府の負担で代替地を村民に与えて生活圏を保障することもやっている。

学問の師・新井白石

このように、家宣と白石の絆は強いものがあったわけであるが、それは、白石が家宣の侍講だったからである。二人の関係の強さは、白石の自伝**『折《おり》たく柴《しば》の記』**からもうかがうことができる。

家宣は、白石がまだ甲府藩邸にいたころから、将軍職に就いたのちまで、足かけ十九年間も、**白石を師として勉学に励んでいた。**白石の指導のもと、家宣は、経書・歴史・諸子《しょし》百家《ひゃっか》の書物など残らず精通していたという。

おもしろいエピソードが伝えられている。家宣が白石の講義を聴聞するとき、真夏の暑いときでも、裃《かみしも》をつけ、白石より九尺（約二・七メートル）ほど下がって席につき、どんなに暑くても扇《おうぎ》を使わなかったという。二時間を超える講義でも、家宣は姿勢を崩すことがなかったというのである。

また、冬の寒い日には、家宣と白石の間に火鉢《ひばち》が置かれたが、寒さがさらにひどいときには、もう一つ、白石のうしろに火鉢を置いたという。家宣自身、風邪気味で鼻水が垂れるようなときであっても、自分の側に火鉢をふやすことはなく、そっと横を向いて鼻水を懐紙《かいし》で拭って、また正面を向いて講義を聞いたといわれている。

なお、『徳川幕府家譜《かふ》』の綱重の記事には、綱重が正一位《しょういちい》・太政大臣《だいじょうだいじん》を追贈された際、征夷大将軍《せいいたいしょうぐん》の称号も受けた書き方になっている。実際には、征夷大将軍になったわけではないが、これは、家宣の差し金ではないかといわれている。**将軍になれなかった父に対するせめてもの配慮**というわけで、親孝行な将軍だったとの評価もある。

家宣は、正徳二年（一七一二）十月十四日、五十一歳で没した。増上寺《ぞうじょうじ》に葬られ、死後、正一位・太政大臣が追贈され、跡を子の家継《いえつぐ》が継いでいる。院号を文《ぶん》昭院《しょういん》という。

家宣の評価〜先代の「負の遺産」を一掃

五代将軍徳川綱吉は亡くなる直前、側用人の柳沢吉保を枕もとに呼んで、「生類憐みの令」を自分の死後も厳守するよう命じている。そのことは、新将軍となった徳川家宣にもすぐ伝えられたはずである。

ふつうならば、前将軍の遺命ということで、それを遵守することになる。幼かったり、若い将軍だったら、そのようにしたのかもしれない。しかし、家宣はすでに四十三歳だった。しかも甲府藩主時代から侍講・新井白石について諸学問を学んでおり、また、「生類憐みの令」が庶民生活に与えるマイナス要因というものに気がついていたものと思われる。将軍になると、「生類憐みの令」の廃止に動き出しているのである。

それればかりではない。綱吉時代、絶大な権限を握っていた柳沢吉保を隠退させ、さらに、側用人の松平輝貞・松平忠周らを罷免し、綱吉の側近政治を解体している。

家宣は柳沢吉保らに代えて、甲府藩主時代に仕えていた間部詮房を側用人とし、詮房を老中格として幕政に参加させているのである。それだけではなく、私が注目しているのは、侍講の新井白石も登用した点である。以後、間部詮房・新井白石コンビによる新しい政治がスタートし、これは「正徳の治」とよばれている。

その新井白石であるが、はじめからの甲府藩士だったわけではない。父が上総久留《かずさくる》里《り》藩士だった関係で、そのまま久留里藩士となったが、その後、浪人し、独学で儒学《じゅがく》を修めた後、朱子《しゅし》学者・木下順庵《きのしたじゅんあん》に入門し、その推挙《すいきょ》によって甲府の徳川綱豊に儒臣として仕え、綱豊が六代将軍家宣となったため、寄合《よりあい》に進み、幕政の中枢に参画することになったのである。

家宣のすごいところは、そうした異色の経歴をもつ新井白石の才能を見いだし、間部詮房とともに幕府政治をまかせたことにある。それもまかせきりではなく、白石・詮房との協議によってことを進めていたのである。

決断力 ☺☺☺☺　統率力 ☺☺☺

教養 ☺☺☺☺☺　経済感覚 ☺☺☺☺

構想力 ☺☺☺☺☺

七代 家継《いえつぐ》

六代将軍徳川家宣《いえのぶ》の四男として生まれ、兄三人の早逝《そうせい》のため、七代将軍を継いだ。将軍になったとき、わずか五歳だったため、実際の政治は間部詮房《まなべあきふさ》・新井白石《あらいはくせき》といった家宣時代からのブレーンが引き継ぎ、この二人は幼い将軍を支え、前代からの諸政策を推進し、世に「正徳《しょうとく》の治」と称えられている。

この「正徳の治」は新井白石が献策したものを間部詮房が推進した諸政策で、金銀貨改鋳のほか、海舶互市新例《かいはくごししんれい》の発布などが知られている。

しかし、こうした諸政策にもかかわらず、幕府財政は改善されず、最終的には「絵《え》島《じま》・生島《いくしま》事件」によって、間部詮房の失脚《しっきゃく》へとつながっていくことになる。

結局、家継は正徳六年（一七一六）数え年八歳で亡くなり、六代家宣・七代家継の将軍在職期間は二人合わせてもわずか足かけ八年であった。

最年少将軍の周囲で繰り広げられる対立

家継《いえつぐ》の生まれたのは宝永《ほうえい》六年（一七〇九）七月三日。家宣《いえのぶ》の四男であるが、兄の夢月院《むげついん》・家千代《いえちよ》・大五郎《だいごろう》がいずれも夭折《ようせつ》したため、七代将軍を継ぐことになった。

幼名を鍋松《なべまつ》といい、母は家宣の側室《そくしつ》・お喜世《きよ》の方で、家継を産んでからは左京《さきょう》の局《つぼね》とよばれ、先代家宣の死後、**月光院**《げっこういん》とよばれた。

月光院は浅草唯念寺《ゆいねんじ》の寺中にある林昌軒の住持・勝田玄哲《かつたげんてつ》（著邑《はるさと》）の娘で、母方の親族だった旗本《はたもと》・矢島氏の養女という形で大奥に上がったとされている。その美貌が家宣の目にとまり、その子を宿すことになったというわけである。なお、一説には町医者・勝田寿廸の娘だったともいわれている。

父家宣が亡くなった正徳《しょうとく》二年（一七一二）には、家継はまだ数え年で四歳にすぎなかったが、家宣危篤《きとく》の際に将軍世子《せいし》となっている。これには新井白石《あらいはくせき》が積極的に動いていたことが知られている。当初、家宣は御三家《ごさんけ》からの跡継ぎを考えていたが、

家継公大奥にて遊戯図／東京都立図書館所蔵

白石の進言によって鍋松を世子としたといういきさつがあった。

そこで、鍋松は、家宣の遺言により、家宣の寵臣《ちょうしん》で側用人《そばようにん》の間部詮房《まなべあきふさ》に扶助《ふじょ》され、詮房を父親代わりとして翌年三月、**五歳で元服《げんぷく》**し、家継となり、次いで、四月二日、征夷大《せいいたい》将軍《しょうぐん》に任じられたのである。

ところで、将軍の代替わりとともに、老中《ろうじゅう》メンバーの入れ替えもあった。家宣のときの老中のうち、大久《おおく》保《ぼ》忠増《ただます》・秋元喬知《あきもとたかとも》が病没した結果、土屋政直《つちやまさなお》・井上正岑《いのうえまさみね》が残り、新たに久世重之《くぜしげゆき》・阿部正喬《あべまさたか》・松平信庸《まつだいらのぶつね》・

戸田忠真《とだただざね》が加わっている。

では、これら新老中と間部詮房・新井白石の二人の関係はどうだったのだろうか。前将軍家宣の遺言ということもあり、新老中も正面きって間部らを批判することはなかったが、どちらかといえば、間部詮房・新井白石を新参の成り上がり者とみる空気があり、非協力、あるいは非協力とはいかないまでもサボタージュが行われている。

よく知られている例では、幕府の最高司法機関である評定所《ひょうじょうしょ》において、間部の出席する日には小事件のみを取り扱い、大事件の審理は行わなかったという。その件について、後日、間部から尋ねられても答えない状態だったというわけなので、おおよその空気が察せられる。

しかし、そうした状況にもかかわらず、間部詮房と新井白石コンビは幼い将軍を支え、家宣時代から継続する諸政策を推進していった。この間部詮房と新井白石の関係は、白石の立案した経綸を、詮房が全力を傾けて実行に移したといえる。

大奥の腐敗を露わにした事件

六代家宣・七代家継の将軍在職期間は二人合わせてもわずか足かけ八年にすぎない。しかし、世に「正徳の治」とよばれる時代で、白石の献策・詮房の実行力によって幕府政治が推進されていったのである。

そこで「正徳の治」と称えられる主な改革についてみておきたい。

一つは正徳四年（一七一四）の**金銀貨改鋳《かいちゅう》**で、正徳金銀ともよばれるものである。これは幣制改革ともよばれ、家宣没後の家継の名において行われたものである。周知の通り、元禄《げんろく》八年（一六九五）以来の悪貨政策がインフレの原因をつくり、民衆の政治不信を招く結果となったわけであるが、家宣は、勘定奉行《かんじょうぶぎょう》・荻原重秀《おぎわらしげひで》を罷《ひ》免《めん》したが、改貨の実現をみないうちに死去してしまった。

そこで、白石の献策による改貨の運びとなり、正徳四年（一七一四）五月に金銀貨の改鋳が実施されることになった。実は、この改貨事業は、次の八代将軍吉宗の代にも引きつがれているのである。

もう一つが長崎新令問題、すなわち**海舶互市新例**《かいはくごししんれい》の発布である。これは正徳新令ともいわれ、長崎貿易に関わるものである。

わが国の対外貿易は、鎖国《さこく》以後も輸入超過が続いていて、特に銀と銅の海外流出は甚《はなは》だしかった。そこで白石は、金銀の海外への流出防止と、輸出入のバランスをはかるため、正徳五年（一七一五）正月に、海舶互市新例として発効させたのである。これは密貿易を取り締まる効果もあり、若干手直しはされているが、基本線は次の八代将軍吉宗にも引きつがれている。

ただ、こうした「正徳の治」にもかかわらず、幕府財政は一向に改善されなかった。そうした時期におこったのが「**絵島**《えじま》**・生島**《いくしま》**事件**」とよばれるもので、間部詮房の失脚《しっきゃく》にもつながっている。

すでにみたように、新将軍家継は、家宣の側近だった間部詮房を父代わりに育てられたわけであるが、詮房が幼い将軍家継の許に参候し、報告したり、相談することになる。そのことは、家継の母である月光院の御殿に参上することを意味し、ま

大奥の対立構造

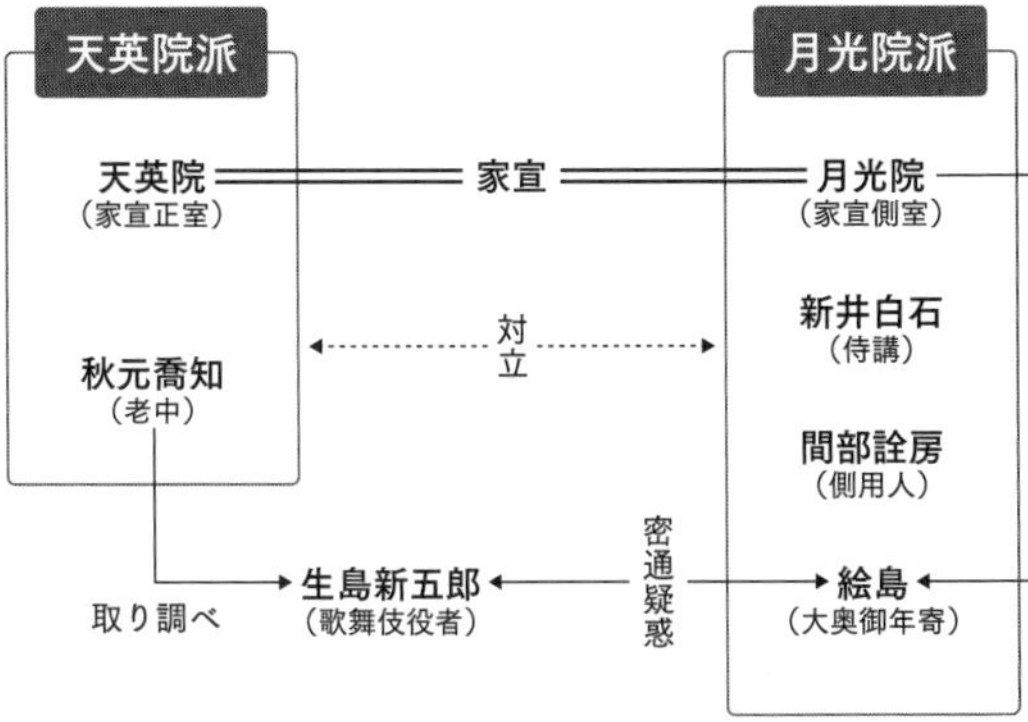

た、月光院がまだ若く美貌の持ち主だったということも手伝い、二人の仲がただならぬものという噂もあった。

その月光院付の年寄《としより》*1だったのが絵島で、彼女が正徳四年（一七一四）一月十二日、増上寺《ぞうじょうじ》の家宣廟《びょう》への代参《だいさん》を命ぜられることがあった。その日、代参したあと、彼女は木挽町《こびきちょう》の芝居小屋山村座《やまむらざ》に向かい、当時、名代の役者・生島新五郎《しんごろう》の狂言を見物したわけであるが、そのあと、二階桟敷《さじき》に宴席を設け、新五郎らを呼び寄せて豪遊したこ

*1　奥女中の筆頭。老人ではなく役職名で「御年寄」とも呼ばれる。

とが明るみに出たのである。

それまでにも、奥女中の芝居見物や役者との交流はあったが、どうやら、このときは、その豪遊ぶりがいささか度を越したらしいことと、芝居見物が、先代霊廟参《さん》詣《けい》のあとということで問題視されることになった。

大奥における**反月光院派**[*2]はこのことを絶好の機会とみて、追及の手をゆるめなかったため、絵島は信州高遠《しんしゅうたかとお》へ、生島は三宅島《みやけじま》へそれぞれ流罪《るざい》となり、さらに、多くの関係者が死罪を含む刑罰に処せられているのである。

詮房はこの一件に全く関わってはいなかったが、この事件によって月光院派の受けた打撃は大きく、詮房も白石も、事が事だけに何の発言のしようもなく、こうした成りゆきをただ見ているだけであり、月光院―詮房―白石の側近政治に対する反感がそれだけ大きかったことを示す結果となった。

ところで、家継は七歳のとき、正徳五年に霊元上皇《れいげんじょうこう》の皇女《こうじょ》・吉子内親王《よしこないしんのう》と婚約している。吉子内親王はこのときわずか二歳だった。しかし、この降嫁《こうか》は、家継の死によって実現することはなかった。

家継が没したのは正徳六年（一七一六）四月三十日のことであった。一説には四月二十六日ともいわれている。ここにおいて、三代・四代・五代・六代・七代と続いてきた**秀忠の血統は絶えた**ことになる。増上寺に葬られ、院号を有章院《ゆうしょういん》という。

＊2　当時、大奥では天英院と月光院とが対立し、権力争いを繰り広げていた。月光院には家継を支える間部詮房、新井白石ら新興勢力が、天英院には譜代勢力がひかえていた。

家継の評価〜評価が難しい幼少将軍

七代将軍徳川家継は五歳で将軍となり、八歳で亡くなっており、文字通りの幼少将軍あるいは幼年将軍というわけなので、家継自身の独自性がある政策は少なく、その意味で評価は難しい。とはいえ、父であり六代将軍だった徳川家宣の諸政策を引き継いでいるので、その是非を含め、徳川家継の評価を試みたい。

徳川家宣の評価のところで述べたように、家宣を支えたのは間部詮房と新井白石の二人だった。将軍が代わると、こうした側用人は交代するのがふつうであるが、家継が幼かったということもあり、そのままの地位についていて、間部詮房と新井白石が政治の中心となっており、「正徳の治」とよばれる善政が推進された。ただ、これは、家宣の路線をそのまま引き継いだだけなので、家継を評価するポイントにはなりにくい。

家継は正徳六年（一七一六）に数え年八歳で亡くなるが、家継が将軍として在位中の同五年（一七一五）に出された海舶互市新例は、その後の幕府政治の展開にも大きな意味をもつものなので、少しくわしくみておきたい。

これは正徳新例（令）とも長崎新例（令）、さらには長崎正徳新例（令）ともいわれているもので、新井白石の立案による長崎貿易制限令のことである。

具体的にみると、年間の貿易枠を、清《しん》国船は年三十隻、銀六千貫に制限し、オランダ船は年二隻、銀三千貫に制限したもので、銅の輸出能力相応に貿易を削減し、金銀流出の阻止をはかったものである。また、貿易許可証としての信牌《しんぱい》を発行することで、密貿易の取り締まりをはかる画期的な施策だった。

このとき、わずか七歳の家継が海船互市新例に実際にどのように関わったかはわからないが、将軍家継の名によってこの命令が出されたことの意味は重い。

決断力 
統率力 
教養 
経済感覚 
構想力 

八代 吉宗《よしむね》

徳川御三家《ごさんけ》からはじめて将軍に迎えられたのが吉宗である。紀州《きしゅう》徳川家の徳川光貞《みつさだ》の四男として生まれ、兄たちの死によって紀州藩主となった。

紀州藩主時代、綱紀粛正《こうきしゅくせい》・藩財政の建て直しなどで手腕を発揮していたことで知られている。

正徳《しょうとく》六年（一七一六）四月、七代将軍徳川家継《いえつぐ》がわずか八歳で亡くなったあとをうけ、八代将軍に迎えられた。吉宗は、初代将軍家康《いえやす》を尊敬していたといわれ、世を家康の時代にもどしたいと考え、将軍になった際、「諸事権現《ごんげん》様定めの通り」といったと伝えられている。

将軍になると同時に、家宣《いえのぶ》・家継の時代に力をもっていた間部《まなべ》詮房《あきふさ》・新井白石《あらいはくせき》を罷免《ひめん》し、将軍親政の体制をとり、足高《たしだか》の制・上米《あげまい》の制などの新機軸を打ち出し、それらを総称して享保《きょうほう》の改革とよばれる新しい政治を展開した。この改革の眼目は年貢増徴策で、そのため、世間では吉宗のことを「米将軍」とよんだ。

幸運の連続だった天下への道

吉宗《よしむね》は貞享《じょうきょう》元年（一六八四）十月二十一日、御三家《ごさんけ》*1の一つ、紀州《きしゅう》家三代藩主・徳川光貞《みつさだ》の四男として和歌山で生まれた。幼名は源六、さらに新之助《しんのすけ》といった。

母はお由利《ゆり》の方といわれ、光貞の側室《そくしつ》で、光貞の家臣・巨勢八左衛門利清《こせはちざえもんとしきよ》の娘ということになっているが、本来、巨勢村の百姓だったといわれ、一説には、近江《おうみ》の戦国大名だった浅井《あざい》氏遺臣《いしん》の子孫で、彦根に住んでいた医者の娘だったともいい、実像についてはよくわかっていない。伯母の縁で、御殿の御湯殿《おゆどの》の雑役をしているうちに光貞の手がついたともいわれている。

兄三人のうち、次男は早世していたが、長男・綱教《つなのり》、三男・頼職《よりもと》がおり、母の身分が低い庶子《しょし》ということもあって、家督《かとく》がまわってくるような立場ではなかった。

元禄《げんろく》八年（一六九五）、元服《げんぷく》して従五位下《じゅごいのげ》・主税頭《ちからのかみ》に、さらに、翌九年には従四《じゅし》位下《いのげ》・左近衛権少将《さこんえごんのしょうしょう》に任じられ、のち頼方《よりかた》と名乗っている。翌十年四月には越前

御三家家系図

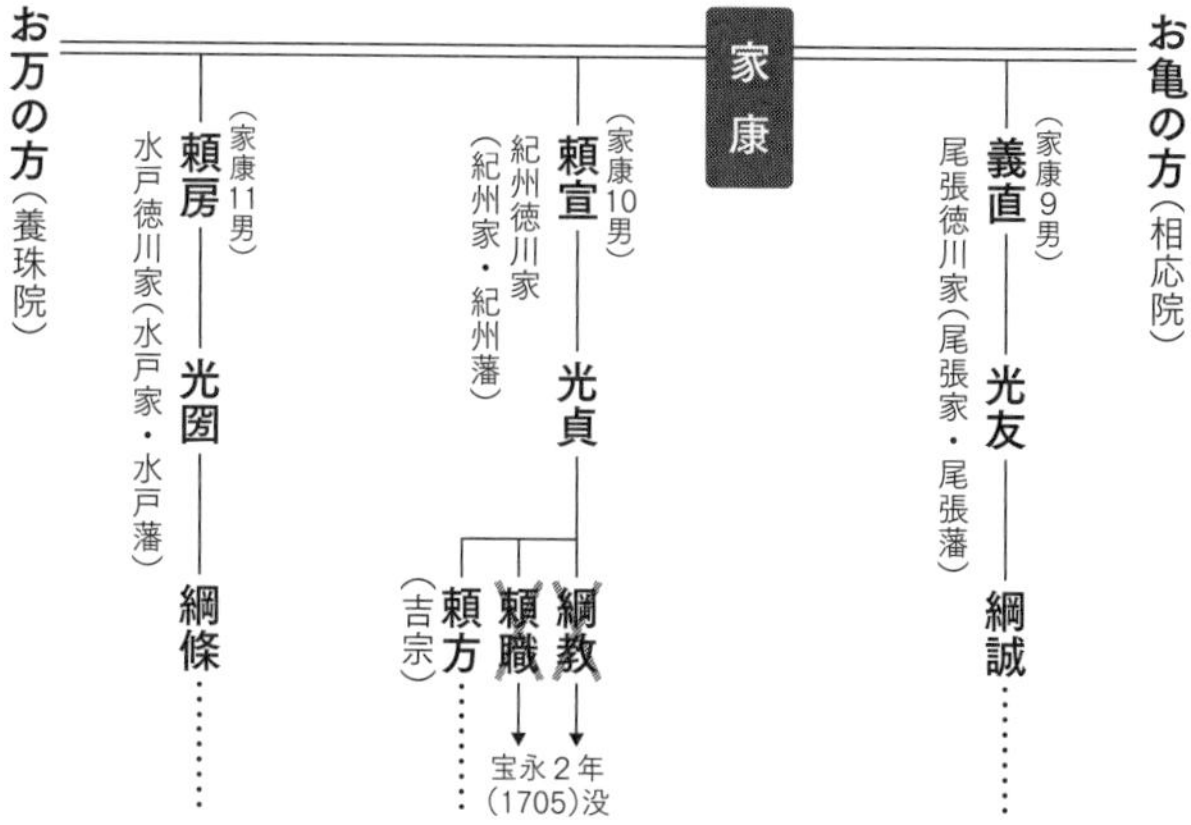

において三万石の所領が与えられた。

このあと、紀州家の家督を継ぐことになるが、**かなりの偶然が重なっている**。まず、長兄の綱教が宝永《ほうえい》二年（一七〇五）五月に亡くなった。綱教に子がなかったため、次兄の頼職《よりもと》があとを継いだ。ところが、その頼職も同じ年の九月に亡くなってしまったのである。そこで家督の座が四男の頼方にまわってきた。同年十月六日に家督を相続し、

＊1　三つ葉葵の家紋の使用、徳川姓の使用、宗家の後嗣が絶えたときに御三家から候補が出されるなど、将軍家に次ぐ家格をもつ三つの分家のこと。

名前もそれまでの頼方から吉宗に変えている。ときの将軍徳川綱吉から〝吉〟の一字を与えられたからである。

紀州藩主としての吉宗の在住期間は、これから正徳《しょうとく》六年(一七一六)五月までの足かけ十二年であるが、この紀州藩主時代において、綱紀粛正《こうきしゅくせい》・藩財政の建て直しなどで手腕を発揮していた。この藩主時代、山田奉行《ぶぎょう》として赴任《ふにん》していた**大岡越前守忠相**《おおおかえちぜんのかみただすけ》を知り、のち彼を江戸町奉行に抜擢《ばってき》したという話もある。

では、そんな吉宗が八代将軍に迎えられたのはどうしてなのだろうか。ここにも、かなり偶然的な要素が多くみられるのである。

ことの発端は、正徳六年(一七一六)四月、七代将軍家継《いえつぐ》がわずか八歳で死亡したことである。もちろん子どもはなく、家継の父だった家宣《いえのぶ》にも他に子どもがなく、秀忠の血統が断絶することとなった。

このようなとき、**尾張**《おわり》**・紀州・水戸の御三家から後嗣**《こうし》**が入る**ことになっており、順番としては尾張家であった。

六代将軍家宣が、死の枕元で、「次の将軍は尾張の吉通《よしみち》にしたい」といった当の

吉宗関係図

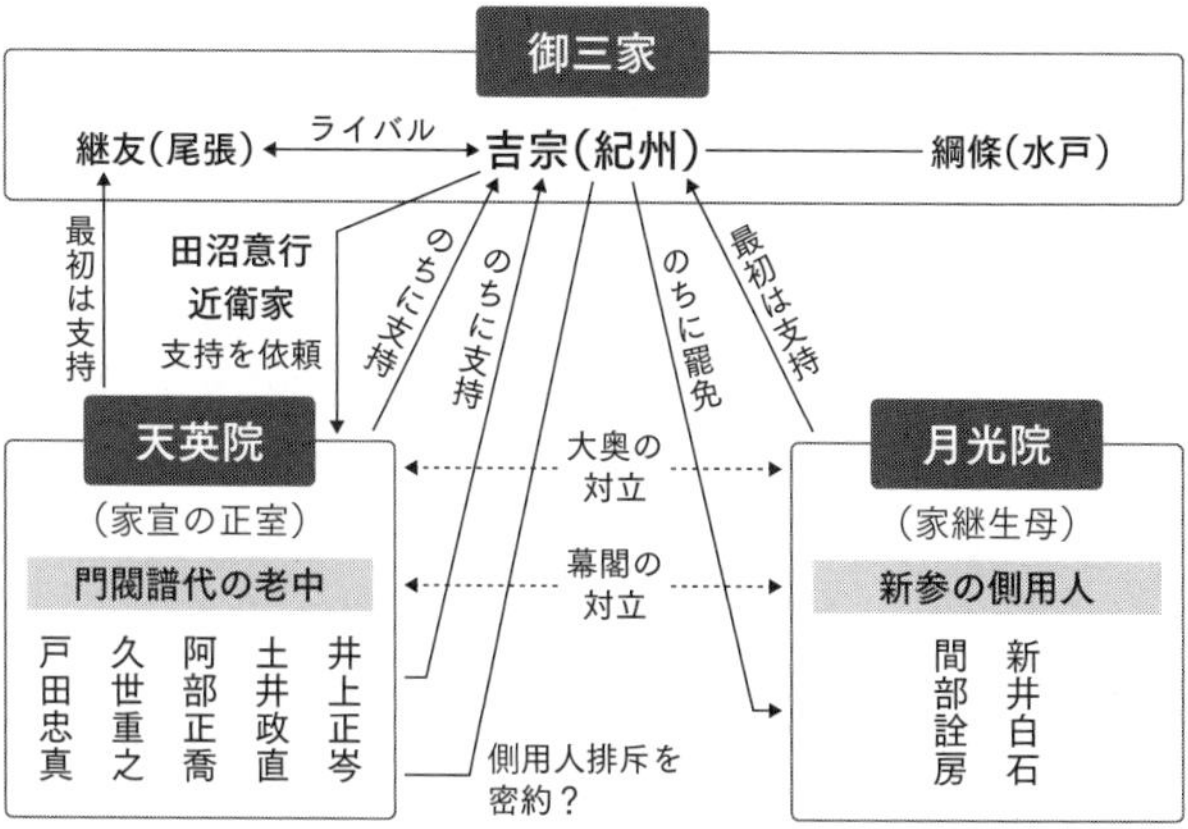

吉通は、すでにこのとき、この世にいなかった。このことのおこる少し前、正徳三年（一七一三）七月、食後、急に血を吐いて悶死《もんし》するという異常な死に方だったという。吉通は二十五歳の若さで、しかも、自分の屋敷に温水プールを作って体を鍛え、健康そのものだっただけに、「誰かが毒を盛ったのではないか」と取り沙汰《ざた》されたのも無理のないことであった。

『元禄御《お》畳《たたみ》奉行の日記』として有名になった朝日文左衛門《あさひぶんざえもん》の『鸚鵡籠中《おうむろうちゅう》記《き》』には、この前後、紀州藩の間者《かんじゃ》が尾張藩邸をうかがっているといった風《ふう》聞《ぶん》があったと書かれている。しかも、吉通の死の三ヵ月後、吉通の嫡男《ちゃくなん》・五郎太《ごろうた》も死んでしまっているのである。これで尾張徳川家の正統は絶えてしまった。

このように、ほんの数年の間に、本家における家宣・家継の死、尾張徳川家における吉通・五郎太の死が相次いだわけで、そこからさまざまな臆測《おくそく》が飛びかったことも事実である。

御三家のもう一つ、水戸徳川家であるが、当主・綱條《つなえだ》は六十一歳と高齢だった。幕閣《ばっかく》たちの間で、綱條と吉宗と二人を比較し、どちらが次期将軍としてふさわしいか、将軍としてどちらが手腕を発揮するかの検討がなされ、吉宗に白羽の矢がたったというわけである。

質実剛健な〝暴れん坊将軍〟

こうして八代将軍になった吉宗は、それまで続いてきた本家の将軍、家綱—綱吉

—家宣—家継とは、受ける印象がずいぶんちがっている。どうしても、それまでの将軍は、何となくなよなよとした感じである。そのまま、仮に本家の血筋が続いていったら、虚弱体質の将軍ばかりになってしまったのではないかという心配を抱いてしまう。

ところが、吉宗はちがっていた。吉宗の祖父・頼宣《よりのぶ》は、豪放磊落《ごうほうらいらく》の武将として知られ、その血を引く吉宗も堂々たる体軀《たいく》だったといわれている。**身長は六尺（約一八〇センチ）**で、家康と同じように鷹狩りを好み、また、武芸に励んでいたという。なよなよした青白い顔の将軍が続いたところへ、浅黒い顔の健康的な吉宗が入ったことで、文字通り、将軍家の血がリフレッシュされたわけである。

また、それまでの将軍が、家康・家光《いえみつ》を除いて女性に淡泊だったのにくらべ、吉宗は女性に興味をもち、しかも精力絶倫《ぜつりん》だったといわれている。そして、そのことが新たな問題を引きおこしたわけである。

有名な『大岡政談《せいだん》』の一つに**天一坊事件**《てんいちぼう》というのがあったことはご存じの人も多いと思われる。この事件は、江戸の品川に住んでいた天一坊改行《かいぎょう》と名乗る修験者《しゅげんじゃ》、すなわち山伏《やまぶし》が、「自分は吉宗の御落胤《ごらくいん》である」と称し、「近日中に召し出されて大名になるから」といって周りの人から金品をまきあげたという詐欺《さぎ》事件である。

品川を支配地とする関東郡代《ぐんだい》が不審に思って取り調べたところ、それが嘘だということが判明し、勘定奉行《かんじょうぶぎょう》・稲生正武《いのうまさたけ》のもとで裁判が行われ、天一坊一味に獄門《ごくもん》・遠島《えんとう》が申し渡され、一件落着となっている。裁判では吉宗の御落胤というのが嘘だとされ、有罪になってしまったが、天一坊の母が和歌山城内に仕えていたことはたしからしく、「意外と本当だったのではないか」という声があるのも事実である。

吉宗は女性関係には放埓《ほうらつ》だったというのだ。

夫のある女性に夜伽《よとぎ》を命じ、その報酬として、夫に二百石を加増してやったなどという話も伝えられているし、身分の低い侍の娘を召し出して側室《そくしつ》にするのはよいが、懐妊《かいにん》すると、懐妊したままその女性を近侍《きんじ》に下げ渡したという。

吉宗は常に質素倹約をモットーにしていたので、あまり側室が多くても困る。また、子どもがたくさん生まれてしまっても財政負担になるというわけで、お手がついても、懐妊したらお払い箱ということになる。

このように、御落胤をばらまいていた吉宗なので、天一坊事件のときも、「私には全く身に覚えのないことだ」といいきれないものがあったのではないかと思われる。

さて、女性関係では放埒ぶりを発揮した吉宗だが、その生活ぶりもそれまでの歴代将軍とはちがってかなりユニークだった。将軍の学問といえば、ふつうは四書五経《ししょごきょう》などが中心だが、吉宗の場合、自然科学的分野にまで手を広げている。

おもしろいのは、**雨量調査に熱中**したことで、江戸城中の庭に桶《おけ》を置いて、毎日毎日、雨量をはかったという。現職将軍が雨量を調べて何になるかわからないが、地図が好きで、しょっちゅう眺めていたという。しかも、外出のおりには必ず地図をもって、それを見ながら移動したといわれている。

これも自然科学への興味ということになるのかもしれないが、大の動物好きで、オランダ人からアラビア馬を献上《けんじょう》されて大喜びだったといわれているし、象を見たいといって呼び寄せてもいる。

なお、家康の生き方をまねたものか、食事は質素で、鷹狩りを好み、真冬のどんな寒いときでも、襦袢《じゅばん》を下に着ることはなかったという。

このように吉宗は、初代将軍家康を尊敬していたといわれている。尊敬どころではなく、熱烈な信奉者《しんぽうしゃ》だったといったほうがよいかもしれない。「できれば、家康の時代にもどしたい」と考えていたのではなかろうか。

吉宗が将軍になったとき、「諸事権現《ごんげん》様定めの通り」といったと伝えられているが、時計の針を家康の時代にもどすこと、これが吉宗に課せられた課題であった。

老中にまかせず自ら政務を統括

すでにみたように、紀州藩主時代にも、綱紀粛正・藩財政の建て直しで手腕を発揮していたが、将軍になるとともに、それまでの間部詮房《まなべあきふさ》・新井白石《あらいはくせき》らを罷免《ひめん》し、幕府創業期の政治に立ち返ることをスローガンとして、将軍親政の体制をとり、次つぎと改革を断行していくこととなった。その主な施策は、

①足高《たしだか》の制[*2]　幕府官僚体制を整備
②上米《あげまい》の制　旗本・御家人の財政難救済
③定《じょう》　免《めん》法　年貢収納強化
④新田開発[*3]　甘藷《かんしょ》（サツマイモ）などの新作物奨励
⑤目《め》　安《やす》　箱《ばこ》　庶民の意見を聴取
⑥株仲間結成[*4]　商業統制
などとなっている。
目安箱の設置や法令の整備などは、それまでの将軍にはない積極的な姿勢がみら

＊2　役職ごとに役高を定め、それに家禄が達していない者を登用した場合、在職中のみ不足分を支給する制度。この制度で、石高は高くないが、有能な人物を登用することができた。
＊3　このとき開発された新田には、武蔵野新田（現東京都・埼玉県）、武蔵国の見沼新田（埼玉県）、越後国の紫雲寺潟新田（新潟県）などがある。
＊4　江戸の商人・職人に業種別に仲間を結成させ、統制したもの。

れるが、何といっても、吉宗が取りくんだ享保の改革の眼目は年貢増徴策にあった。だからこそ吉宗のことを「**米将軍**」などとよぶのである。

吉宗の年貢増徴策の一つである定免法というのは、従来の検見取法《けみどりほう》に代わるものだった。検見取法というのは、藩の役人などが、秋に村々をまわり、その年の稲の実りぐあいによって年貢量を決めていたものである。一方、定免法は、その年の作物のできぐあいにかかわらず、あらかじめ決めておいた年貢量をとる。つまり、豊凶にかかわりなく、一定量の年貢をとりたてる方法である。

吉宗自身、検見取法から定免法へ切り換えるにあたって、「従来のやり方だと不正な役人がいてよくない」という理由をあげている。たしかに、検見取法では、役人の匙《さじ》加減一つで年貢量が決まるので、村人たちが役人に賄賂《わいろ》を贈ったり、ひどい場合には、村をまわる役人に夜伽《よとぎ》の女を用意した例まであったというので、役人接待がエスカレートしていたことは事実だったらしい。

しかし、吉宗のねらいは、そうした村方の困窮を救うことにあったのではなく、何とか年貢を確保したいというところにあった。その結果、勘定奉行・神尾春央《かんおはるひで》が

幕府の総石高と年貢収納高

※「詳細日本史図説」山川出版社より

幕府の石高

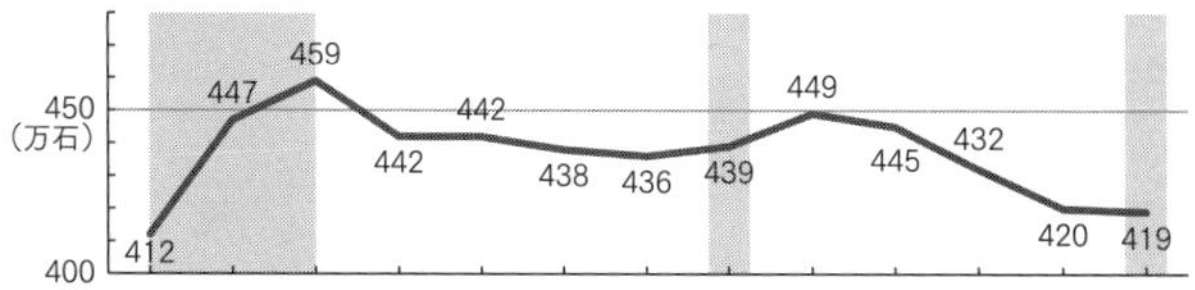

幕府の年貢収納高

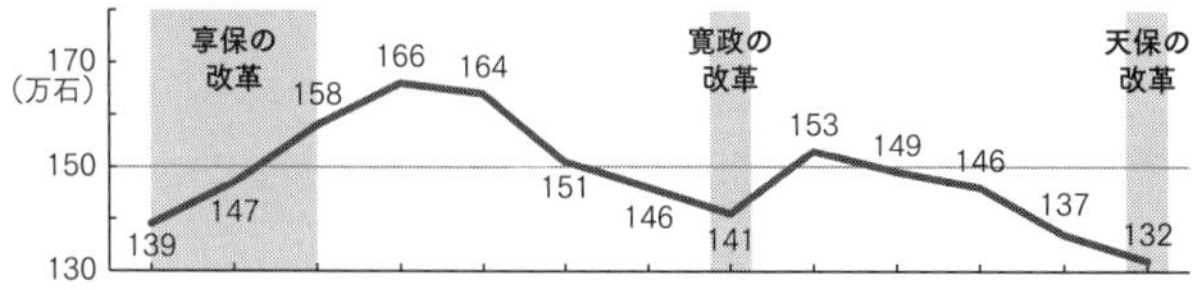

いったように、農民は胡麻の油と同じように搾《しぼ》りとられていったのである。

農民の逃散や一揆が頻発

こうした米将軍吉宗の年貢増徴策の結果おこったことは、一つは**百姓一揆《いっき》の続発**であり、一つは**人口の停滞**である。まず百姓一揆についてみておきたい。

享保の改革期の一七四〇年代に、一揆発生件数がそれ以前の倍にはねあがっていることはあまり知られていないが、これは、庶民たちの生活をみていくうえでおろそかにできない。

そして、深刻なのは人口の停滞である。江戸時代のはじめに千二百万人ほどだった人口は、農業生産力の増大なども手伝って順調にふえ続け、享保の改革が行われたころには三千百万人ほどになっていたと考えられている。

ところが、享保の改革期以降、人口の増加がほとんどみられなくなるのである。これはやはり、吉宗の年貢増徴策が関係していたと考えられる。年貢を搾りとられるだけ搾りとられた百姓たちにとって、子どもが生まれてもそれを養うだけの余力がなかった。とはいえ、当時の百姓に、受胎《じゅたい》調整の知識や避妊の技術はなく、**生まれた子を捨てるか、生まれた直後に殺すしかなかった。**

少し時代は下るが、享和《きょうわ》期（一八〇一〜〇四）の状況を『賤策雑収《せんさくざっしゅう》』という史料は次のように伝えている。

関東より奥筋にて子をまびくと申候て、百姓の子は一両人または両三人も持候上は、出産の節直《ただち》に殺し候ことに御座候。小百姓にては多くの子は養育仕兼《しかね》候故との儀に御座候。

つまり、二人ないし三人子どもがいれば、それ以上は生まれても殺してしまったということである。これを間引《まび》きといった。堕胎《だたい》、すなわち今日でいう人工妊娠中絶もあるにはあったが、江戸などの一部の都市住民が恩恵にあずかれるだけで、極貧の百姓たちは間引きをするしかなかったことになる。

出産後、子どもの姿がみえないため不審に思った者に、「赤ん坊はどうした」と聞かれれば、「おもどしした」とか、「お地蔵さんのお弟子にした」とか返事をしたということだが、それで聞くほうも了解したというのだから、やはり異常な時代だったといえよう。

吉宗は、為政者《いせい》の立場からすれば、揺らぎかけた幕藩体制の再建と封建秩序の再編に成果をあげたということで、「**中興**《ちゅうこう》**の英主**《えいしゅ》」とされるが、吉宗の業績すべてを讃美《さんび》することは控えなければならないといえそうである。

ただ、その一方で、目安箱を置いて広く庶民の意見を聞くしくみを作ったり、「公事方御定書《くじかたおさだめがき》」[5]、「御触書集成《おふれがきしゅうせい》」など、**江戸幕府最初の成文法**《せいぶんほう》を制定したことは評価される点である。

その他、市政についても、新機軸を打ち出し、**江戸町火消**《まちびけし》**の設置**[6]や、**小石川養生所**《こいしかわようじょうしょ》[7]開設によって貧民救済が進められており、評価すべき点もいくつかあることも事実である。

延享《えんきょう》二年（一七四五）、家督を子の家重《いえしげ》に譲ってのちも、大御所《おおごしょ》として政治を後見し、二年ほど家重を補佐している。

なお、吉宗には四男一女があり、長男が九代将軍となった家重、次男は田安宗武《たやすむねたけ》、三男は夭折《ようせつ》、四男は一橋宗尹《ひとつばしむねただ》、長女・芳姫《よしひめ》は夭折している。宝暦《ほうれき》元年（一七五一）

目安箱／岩村歴史資料館所蔵、恵那市教育委員会提供

六月二十日、江戸城西の丸で没し、寛《かん》永寺《えいじ》に葬られた。院号を有徳院《ゆうとくいん》という。

＊5　公事（裁判）のために判例をまとめたもの。

＊6　すでに百万都市になっていたといわれる江戸は、度重なる火災に苦しめられていた。町奉行・大岡忠相は、江戸の防火対策に取り組み、土蔵や瓦葺屋根を奨励し、火災となったときのための火の見櫓の制度や「いろは四十七組」の町火消組合を設立した。

＊7　江戸の町医者・小川笙船の投書から、貧困者が無料で利用できる小石川養生所が実現した。現在の小石川植物園内に井戸が残っている。

吉宗の評価～窮乏する幕府の財政を立て直す

八代将軍徳川吉宗といえば、何といっても、江戸三大改革の一つ、享保の改革である。江戸幕府が成立して百年近くたった元禄期（一六八八～一七〇四）、それまで健全だった幕府財政が悪化しはじめた。そのときに登場したのが徳川吉宗だった。

では、その享保の改革の中身をみておこう。一つは、財政悪化に対し、倹約令により支出を抑制したことである。支出を抑制するとともに収入増加策を打ち出した。それが上米制であり、定免制であった。これらによって年貢増徴をはかるとともに、さらに新田開発を推し進めて収入を増加させている。

また、足高の制などの人材登用策、勘定所などの行政機関の改編なども行い、さらに、株仲間公認、米価安定などの物価・商業政策にも取りくんでおり、貨幣改鋳を進めていたことも知られている。

それだけではなく、享保の改革はさらに多岐にわたっている。よく知られていることとしては、小石川養生所の設置、小石川薬園の整備、「公事方御定書」の制定などの司法改革にも着手し、また、火除地《ひよけち》・火消組合などの防火政策など、法制・財政・行政といった多方面の分野で改革を進め、「幕府中興の英主」とたたえられているのである。

たしかに、実学の奨励、漢訳洋書輸入の緩和、目安箱の設置など、文化・イデオロギー面でも新しさを打ち出しているが、全体としての評価はどうなのだろうか。

吉宗は、為政者の立場からすれば、揺らぎかけた幕藩体制の再建と封建秩序の再編には成果をあげたわけで、「幕府中興の英主」とたたえられることになるが、年貢増徴策によって百姓の生活は以前より厳しくなり、このころから各地で百姓一揆が続発し、また、それまで増え続けてきた人口が停滞しはじめているのである。民衆の立場からすれば、吉宗の業績すべてを讃美することはできない。

決断力 
統率力 
教養 
経済感覚 
構想力 

九代 家重《いえしげ》

八代将軍吉宗《よしむね》の長男として正徳《しょうとく》元年（一七一一）十二月二十一日に生まれる。幼名を長福丸《ちょうふくまる》といい、享保《きょうほ》元年（一七一六）、赤坂の紀州《きしゅう》邸から江戸城二の丸に入り、同九年（一七二四）、世子《せいし》となる。

幼少から多病だったが、延享《えんきょう》二年（一七四五）九月二十五日、吉宗から家督《かとく》を譲られ、十一月二日、将軍宣下《せんげ》を受け、九代将軍となる。

生まれつき虚弱なうえに、言語が不明瞭で、側用人《そばようにん》・大岡忠光《おおおかただみつ》だけが家重の言葉を解することができたということで、政治そのものが、忠光を中心とする側近グループによって進められることになった。

家重の将軍在職時代、竹内式部《たけのうちしきぶ》事件、すなわち宝暦《ほうれき》事件がおきているが、これは、幕末勤王《きんのう》思想の先駆、勤王運動のはじめといわれている。また、政治面では、諸大名に対する厳しい処分を行ったことで知られ、これは、このころから著しくなった民衆の抵抗の激化をおさえこもうとしたからではないかと考えられる。

生来病気がちの兄と文武に優れた弟

家重《いえしげ》は、「中興《ちゅうこう》の英主」とうたわれた八代将軍吉宗《よしむね》の長男として正徳《しょうとく》元年（一七一一）十二月二十一日に生まれた。

吉宗の正室《せいしつ》は伏見宮貞致親王《ふしみのみやさだゆきしんのう》の娘・真宮《さなのみや》であるが、彼女は宝永《ほうえい》三年（一七〇六）、吉宗に嫁し、同七年に流産したのち死んでいる。家重を産んだのは吉宗の側室《そくしつ》・**お須磨《すま》の方**で、紀州《きしゅう》徳川家の家臣・大久保忠直《おおくぼただなお》（一説に忠旧《ただふる》）の娘である。しかし、このお須磨の方も、江戸赤坂の紀州邸で家重を産んだ二年後、正徳三年（一七一三）に没している。

家重は幼名を長福丸《ちょうふくまる》といい、享保《きょうほ》元年（一七一六）、赤坂の紀州邸から江戸城二の丸に入り、同九年（一七二四）、世子《せいし》となり、若君様とよばれるようになった。

翌年、元服《げんぷく》し、従二位《じゅにい》・権大納言《ごんのだいなごん》に叙せられ、江戸城の西の丸に入った。その後、享保十六年（一七三一）、伏見宮邦永《くになが》親王の娘・増子《ますこ》（比宮《なみのみや》）と結婚したが、彼女も同十八年九月十一日に早産し、翌月三日、亡くなってしまった。幼少にして実母を

御三卿の設置

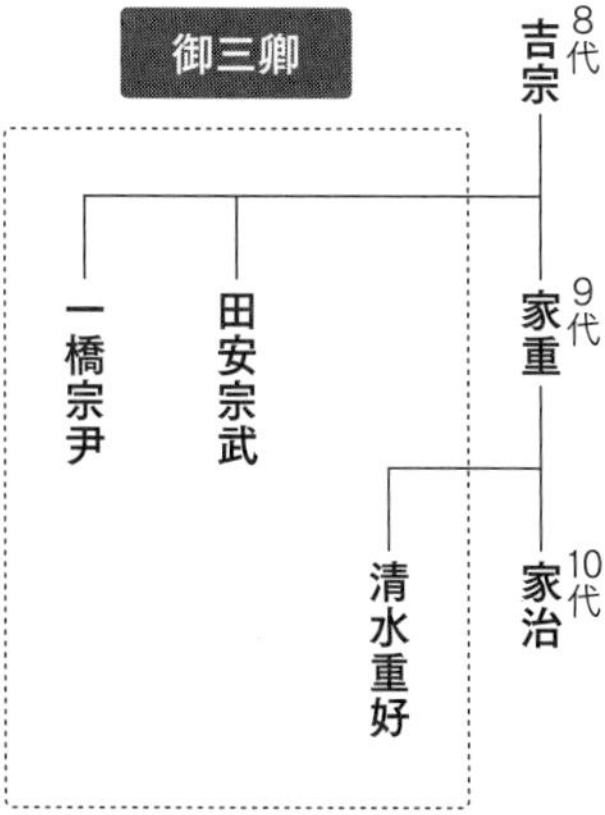

失い、正室も早く失った形である。

家重は幼少から多病だったが、四歳下の弟小次郎《こじろう》は健康そのもので、父吉宗も小次郎を次期将軍にと考えたこともあったらしいが、**長男を家督《かとく》に**という原則は変えることができず、結局、御三家《ごさんけ》と別に**御三卿《ごさんきょう》**[*1]を設けている。

＊1　家康が設けた御三家に準じる家格として、将軍家に嗣子がいない場合、候補となる資格が与えられた。なお、田安家、一橋家、清水家という呼称は、それぞれの屋敷が江戸城の田安門、一橋門、清水門のそばにあったことに由来する。

次男の小次郎が田安宗武《たやすむねたけ》、四男の一橋宗尹《ひとつばしむねただ》と、清水《しみず》家である。清水家は、家重の次男重好《しげよし》からはじまっている。

寛保《かんぽう》元年（一七四一）、右近衛大将《うこんえのだいしょう》兼右馬寮御監《うめりょうごげん》に任じられ、さらに延享《えんきょう》二年（一七四五）九月二十五日、吉宗から家督を譲られ、本丸に入っている。将軍宣下《せんげ》があったのは十一月二日である。これを機に正二位《しょうにい》に昇り、内大臣《ないだいじん》となっている。

家重が第九代将軍になったとき、すでに三十五歳の働き盛りであったが、幼少のころから病弱だったということもあり、しばらくは吉宗が家重を後見している。

大岡忠光に政務を依存

生まれつき虚弱なうえに、言語が不明瞭だったが、側用人の**大岡忠光**《おおおかただみつ》だけが家重の言葉を解することができたという。その大岡忠光であるが、享保九年（一七二四）、十六歳で将軍世継ぎの家重の小姓《こしょう》となっている。このとき家重は十三歳なので、家重にしてみれば、三歳違いの兄貴のようなものだったのかもしれない。しかも、その忠光がふだん一緒にいる時間が多かったためか、不思議と、家重の言葉を聞き分けたという。

そうなると、政治そのものが、忠光を中心とする側近グループによって進められる結果となった。忠光は、延享三年(一七四六)、三十八歳で側衆《そばしゅう》となり二千石、宝暦《ほうれき》元年(一七五一)には一万石の大名となり、さらに家重の信任を得て着実に出世し、同四年(一七五四)には一万五千石で若年寄《わかどしより》、同六年(一七五六)には側用人《そばようにん》となり、二万石の岩槻《いわつき》城主となっているのである。

この家重が将軍在任中におきた大事件が**竹内式部《たけのうちしきぶ》事件**である。これは、宝暦事件ともいわれているが、家重晩年の宝暦八年(一七五八)におこっている。

事件そのものは、この年、京都所司代が神道《しんとう》家で朱子《しゅし》学者の竹内式部を重追放に処したものであるが、ことは簡単ではなかった。それは式部に学んだ正親町三条公積《おおぎまちさんじょうきんつむ》、徳大寺公城《とくだいじきんむら》ら桃園《ももぞの》天皇近習《きんじゅ》の少壮公卿《しょうそうくぎょう》が、天皇に垂加《すいか》流の『日本書紀』神代巻《かみよのまき》を進講するなど、近習衆主体の活動をはじめたことが発端となったからである。

これを、従来の朝廷の秩序からの逸脱とみなした一条道香《いちじょうみちか》・近衛内前《このえうちさき》らが、式部門下の公卿たちの処分を強行し、式部を所司代に告発したのである。

この宝暦事件は、**幕末勤王《きんのう》思想**の先駆、勤王運動のはじめとして注目されている。

諸大名を厳しく処罰した理由

なお、家重の時代、特筆されるのが諸大名に対する厳しい処罰である。藩政不良や家中紊乱《びんらん》を理由とする大名の改易《かいえき》、減封《げんぽう》処分が八代将軍吉宗、のちの十代将軍家治《いえはる》時代にくらべて多いのである。幕閣《ばっかく》首脳がこのような**厳罰主義**をとったのは、このころ著しかった民衆の抵抗の激化をおさえようとしたからではないかといわれている。

たしかに、家重の将軍在位時代、百姓強訴《ごうそ》の急増、関東の洪水、東北の飢饉《ききん》、さらには江戸の大火というように、庶民の生活をおびやかす問題が発生していたのである。

そんなところにも、厳罰主義で臨まなければならない理由があったものと思われる。

徳川家重公筆 松島日之出図／妙定院所蔵

しかし、そのような世間の状況にもかかわらず、家重自身はといえば、日常、大奥にあって表御殿《ごてん》には顔を出すことがなかったという。ただ、どういうわけか**将棋だけは上手**で、『将棋考格』といった著書を残しているほどである。

宝暦十年（一七六〇）家重は右大臣になり、次いで四月一日、家督を長男の家治に譲ることとした。

もっとも、家重が将軍職を辞したのは五月十三日のことで、その日、二の丸に移り、大御所《おおごしょ》を称することになった。将軍職を退いた翌宝暦十一年六月十二日、家重は没し、増上寺《ぞうじょうじ》に葬られた。院号を惇信院《じゅんしんいん》という。

家重の評価～幕府政治が揺らぎはじめる

九代将軍徳川家重は、生まれつき病弱だっただけでなく、言語不明瞭で、側用人・大岡忠光だけが家重の言葉を解することができたという。つまり、家重時代の政治は忠光ら側近グループによるものだったのである。そこで、家重時代を評価するためには、忠光のことをくわしく知っておく必要がある。

忠光は宝永六年（一七〇九）、大番士・大岡忠利の長男として生まれている。あの有名な大岡忠相《ただすけ》とは同族である。享保七年（一七二二）、十四歳のときにはじめて八代将軍吉宗に拝謁し、同九年八月、家重付の小姓に召し出され、二の丸に入り、同十年六月、家重の西の丸入りに従い、以後、家重の無二の寵臣《ちょうしん》となり、起居《ききょ》をともにすることとなった。

なお、吉宗の隠退、家重の本丸入りに従い、小姓組番頭格、ついで御側御用取次となり、さら若年寄、側用人と出世していったのである。こうして、忠光は、将軍家重の意思を老中に伝える唯一の存在となり、老中との協力関係を保ちながら、家重を支えていくことになった。忠光の人柄として伝えられているのは、恭謙《きょうけん》ではあったが賄《わい》賂《ろ》を拒まず、世間から「官職周旋《しゅうせん》の問屋」といういわれ方をしたともいう。

一般的には、家重時代、享保の改革の延長線上にある比較的安定した時代といわれているが、享保期（一七一六〜三六）に急速な高まりをみせた各地の百姓一揆《いっき》がさらに大規模なものとなり、いわゆる「全藩一揆」とよばれる一揆が続発し、中でも、家重将軍在職中におきた宝暦四年（一七五四）の美濃国《みののくに》郡上《ぐじょう》藩一揆は、発端から終息まで五年かかり、藩主・金森頼錦《かなもりよりかね》が改易《かいえき》される事態となるほどであった。

こうした世情不安に対し、これといった手を打たなかったところに、家重の政権担当者としての自覚欠如があったものと思われ、幕府政治が大きく揺らぎはじめた時期として認識しておく必要があるように思われる。

決断力 ☺☺　統率力 ☺☺
教養 ☺☺　経済感覚 ☺☺
構想力 ☺☺

十代 家治《いえはる》

家治は九代将軍家重《いえしげ》の長男として元文《げんぶん》二年（一七三七）に生まれ、幼いころより、祖父にあたる八代将軍吉宗《よしむね》の薫陶《くんとう》を受けて育った。宝暦《ほうれき》十年（一七六〇）、家重が病弱を理由に将軍職を家治に譲り大御所《おおごしょ》となったが、そのとき、家重から「わが亡きあとも田沼意次《たぬまおきつぐ》を厚く用いよ」との厳命があった。ふつう、将軍が代わると側近も入れ替えられるが、このあとも、田沼意次が政治の中心になり、そのため、家治の将軍在世時は「田沼時代」ともいわれている。

その「田沼時代」の諸政策は、①幕府の行政制度のなかに「予算制度」を導入したこと、②流通税の導入、③通貨政策、④蝦夷地《えぞち》の開拓、⑤印旛沼《いんばぬま》・手賀沼《てがぬま》の開拓と新田開発などである。全体として、それまでの農業立国を商業立国に変換する方向にあった。

ところが、この「田沼時代」には自然災害が相次いでおこっている。暴風雨・洪水・火山の噴火、それらにともなう飢饉《ききん》も各地で発生しており、結局、田沼意次はそれらの責任を取らされるかたちで、将軍家治の死とともに政権の座から引きずり降ろされてしまった。家治が亡くなったのは天明《てんめい》六年（一七八六）八月二十五日である。

祖父吉宗の薫陶を受けて育つ

家治《いえはる》は、元文《げんぶん》二年（一七三七）五月二十二日に江戸城内の西の丸で生まれた。父は九代将軍家重《いえしげ》、母は梅渓《うめたに》通条の娘・お幸《こう》の方である。幼名を竹千代《たけちよ》といった。竹千代といえば、初代家康《いえやす》、三代家光《いえみつ》、四代家綱《いえつな》と同じで、将軍家にとって由緒《ゆいしょ》ある幼名であり、周囲の強い期待を感ずることができる。

祖父にあたる八代将軍吉宗《よしむね》は、**将来有望な跡継ぎ**が生まれたということで、子の家重が病弱かつ言語不明瞭ということもあり、早くから孫の家治を自ら膝下においてかわいがったという。吉宗五十四歳のときの孫ということで、このあと家治は、吉宗の側で、吉宗本人から直接、将軍となるべき心得について指導を受けたばかりか、吉宗自ら人選した教育掛りをつけられた。儒臣《じゅしん》の成島道筑信遍《なるしまどうちくのぶゆき》に命じて家治に和漢の典籍を進講させたり、中島内匠頭常房《なかじまたくみのかみつねふさ》に命じて鉄砲術を伝授させたという。

こうして家治は、数え年九歳から十五歳という、人間形成にとってもっとも大事

家治時代の人物相関

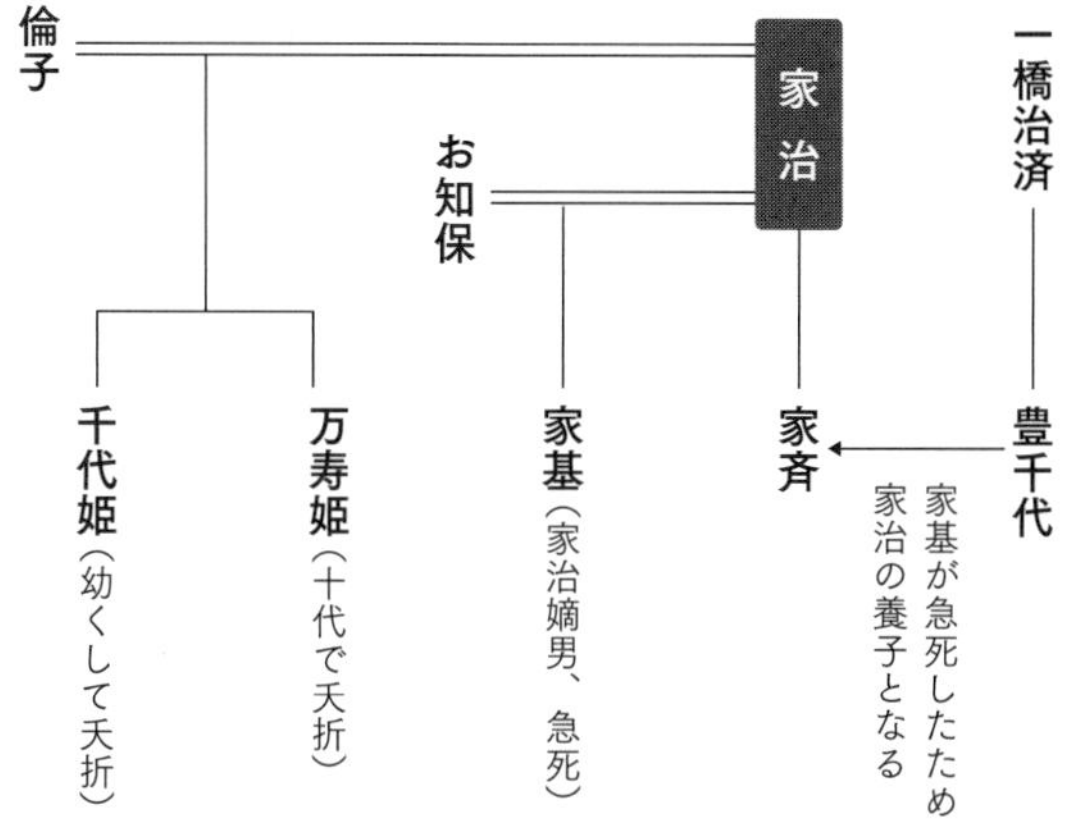

な時期に、吉宗から日常的に直接・間接の指導を受けたわけである。

　家治は、寛保《かんぽう》元年（一七四一）八月十二日、五歳にして従二位《じゅにい》・権大納言《ごんのだいなごん》に叙任《じょにん》、宝暦《ほうれき》十年（一七六〇）二月四日には、右近衛大将《うこんえのだいしょう》を兼任し、ついで同年九月、父の九代将軍家重が病弱を理由に隠居《いんきょ》して大御所《おおごしょ》となり、家治が将軍職を継いだ。これによって、家重が二の丸へ移り、家治が本丸《ほんまる》に入った。このとき、家治は二十四歳で、このあと、天明《てんめい》六年（一七八六）までの二十六年間、将軍職につくことになる。

　なお、吉宗が家治のために工作して

いたことがもう一つあった。家治は十二歳で生母と死別していたこともあり、吉宗は早くから家治の御台所《みだいどころ》のことを気にかけていたのである。早くも、寛延《かんえん》元年（一七四八）には、閑院宮直仁親王《かんいんのみやなおひとしんのう》の息女・**五十宮倫子《いそのみやともこ》**との婚約を整えているのである。倫子は翌年二月五日、京都を発ち、三月十九日に江戸に到着し、しばらく浜御《はまご》殿《てん》で生活をしていた。残念ながら、吉宗自身は二人の結婚を見届けることなく亡くなってしまったが、宝暦四年（一七五四）十二月一日、倫子は西の丸に輿《こし》入れしている。このとき家治は十八歳、倫子は十七歳だった。

　家治と倫子は夫婦仲のよい結婚生活を送り、歴代将軍の御台所としては珍しく、二人の女子を産んでいる。ただ、女の子が続けて生まれたことで、周囲からは後継の男子を望む声が強くなり、宝暦十一年（一七六一）、御台所が二人目の女の子を産んだ直後、**お知保《ちほ》の方**が側室《そくしつ》として当てがわれ、翌年、お知保の方が男子・竹千代（家基《いえもと》）を産んでいる。

　なお、家重が家治に将軍職を譲ったとき、「わが亡きあとも、田沼意次《たぬまおきつぐ》を厚く用いよ」といったという。家治の将軍就任にともない、新しく秋元凉朝《あきもとすけとも》が老中《ろうじゅう》に、松《まつ》平輝高《だいらてるたか》が西の丸老中に、板倉勝清《いたくらかつきよ》が側用人《そばようにん》となり、側衆御用取次《そばしゅうごようとりつぎ》・田沼意次は本丸に残り、水野忠友《みずのただとも》とともに政治の中心となる。

「田沼時代」がはじまる

田沼家は、もともとは甲斐《かい》の武田信玄《たけだしんげん》に仕え、徳川家に召し出された家系で、意次は側用人になる前は恵まれない生活をしていた。そういう環境から、意次自身が現実直視の、経済がわかる政治家になったといわれているので、家治の政治、すなわち「田沼時代」とよばれる田沼政治を理解するために、意次の履歴を明らかにしておきたい。

意次は、享保《きょうほう》四年（一七一九）、旗本《はたもと》・田沼意行《もとゆき》の長男として、江戸で生まれている。もっとも、この意行はもともとの旗本ではない。紀州《きしゅう》藩の足軽《あしがる》だったが、藩主・徳川吉宗が将軍となって江戸城に入ることになったとき、紀州藩の足軽から旗本に格上げされたのである。江戸時代の身分制のきびしさを表現するとき、「百姓の子は百姓、足軽の子は足軽」などといってしまうが、意次の場合、足軽の子だった者が老中にまでなったわけで、そんなところから「**異例の出世**」などといわれたことがわかる。

さて、父意行は六百石の旗本で、小納戸《こなんど》の頭取《とうどり》というのが最終ポストだった。意次は、享保十九年(一七三四)、将軍世子《せいし》家重の小姓《こしょう》*1となったのであるが、その家重が延享《えんきょう》二年(一七四五)、九代将軍になったのである。「ついている」のひと言につきる。将軍家重に付いて本丸に移り、小姓組番頭格、小姓組番頭を経て、宝暦元年(一七五一)には側衆に昇進し、禄高《ろくだか》も加増され、同八年(一七五八)にとうとう一万石となった。一万石といえば大名である。旗本から一代で大名になった例としては、大岡忠相《おおおかただすけ》らがいることはいるが、異例中の異例だったのである。

このあと、宝暦十年(一七六〇)、将軍が九代家重から十代家治にバトンタッチされるが、すでにみたように、「わが亡きあとも、田沼意次を厚く用いよ」との言葉があったため、そのまま家治にも重く用いられることになった。

田沼意次

ふつう、将軍が代わると側近グループも入れ替えられることが多いが、そのまま意次は残ることになり、さらにトントン拍子の出世を遂げていった。まず、明和《めいわ》四年（一七六七）、側用人となり、禄高も二万石になり、遠江の相《さが》良《ら》に城を築くことが許された。同じ大名でも、無城大名と城持ち大名では格がちがい、いわば、これで意次も一流大名の仲間入りを果たしたことになる。

＊1　主に少年などの若年層が担当する役職で、将軍や藩主の身辺に仕え、諸々の雑用を請け負う。

さらに、二年後の明和六年には老中格に抜擢《ばってき》され、安永《あんえい》元年（一七七二）に老中となり、三万石となった。六百石取りの旗本から三万石の老中になったわけである。

ところが、そのころから、他の大名たちの意次に対する非難の声が表立ってくる。もちろん、一つには「異例の出世」に対するねたみの気持ちというか、男同士の嫉《しっ》妬《と》というものもあった。しかし、それだけではなかったようである。それは、江戸時代が、実力本位の戦国時代とはちがうところに要因があったといえるのかもしれない。戦国時代は、家柄よりも個人の器量のほうが重視されていたのに、江戸時代は、秩序を守ることのほうに力点が置かれ、**個人の器量より家柄重視**の風潮が支配的だったからである。

だからこのころ、板倉勝清が老中になったり、水野忠友が側用人になったりしても、誰も文句をいわなかった。板倉氏・水野氏はともに三河譜代《みかわふだい》として由緒ある家柄だったからである。それに対し意次は、父意行が紀州藩の足軽であり、意次自身もスタート時は六百石の旗本にすぎなかった。そうした意識が意次非難のベースになっていたことはまちがいないのではなかろうか。あらためて、意次は、幕閣《ばっかく》や譜代大名たちの保守の壁が厚いことを思いしらされることになったと思われる。

しかし意次は、そうした圧力に屈することなく、自己の信念を貫き、斬新な施策を次つぎに打ち出し、「**田沼時代**」とよばれる一つの時代を作り出していったのである。

もっとも、老中になってすぐ専権をふるいはじめたわけではなく、先任の老中・松平武元《たけちか》・板倉勝清がいたため、すぐに田沼色を出すまでには至っていない。田沼色を出しはじめるのは天明《てんめい》元年（一七八一）で、失脚する同六年までの五年間が、真の意味での「田沼時代」ということになろう。

八代将軍吉宗による享保期以来の年貢増徴政策は、宝暦末年には行きづまり、百姓一揆《いっき》が各地でおきていた。家重が将軍だった宝暦四年（一七五四）八月から同八年十二月まで続いた、あしかけ五年の**郡上《ぐじょう》一揆**という大事件は、幕府政治をゆるがすものであった。家治が将軍になった明和・安永期には、大旱魃《かんばつ》や「**明和の大火**」もおきている。明和年間にはさらに激しい百姓一揆が諸国で頻発しており、幕府は対応に追われた。

幕府財政は、年貢増徴等、つまり「直接税」増徴型政策では対応しきれなくなっていた。そのようなときに田沼意次が登場し、幕府財政の再建に向けて舵を切ることになったのである。そこで次に、意次が行った諸政策を整理しておこう。

重商主義的政策への転換

意次が行った第一の政策は、幕府の行政制度のなかに「**予算制度**」を確立したことである。前もって支出の額を決めて、年ごとに増える一方の支出を抑えることがねらいである。しかも、基本据え置きではあるが、民政部門の予算を優遇しているのに対し、将軍の身のまわりや大奥などの「御納戸《おなんど》」関係の予算は大幅に削減されている。

第二の政策は、**流通税の導入**である。このころの江戸社会は、商品流通経済・貨幣経済が非常な勢いで発達していた。しかし、幕府の経済は、農民からの年貢として徴収する直接税方式で、商業には税をかけない考え方が主流であった。意次は、

田沼意次の重商政策

商業	▶ **株仲間の公認** 同業者組合に営業特権を与え生産・流通を拡大。 株仲間は独占権の代わりに運上金（税）を幕府に納めた。 ▶ **専売制** 銅・鉄などを幕府専売として利益を独占。 ▶ **貨幣改鋳** 南鐐二朱銀を鋳造し、 それまでは重さによって価値がばらばらだった銀貨を計数貨幣化。
貿易	▶ **長崎貿易の制限緩和** 俵物（アワビやフカヒレ）などの水産加工品を輸出。
開発	▶ **新田開発** 印旛沼を干拓し、農地拡大と海運流通路を整備。 ▶ **蝦夷地の探検** 北方の防備、交易などを企図。

「財政は、不時の支出のことまで勘案して予算をたてるべき。どんなに困っても すぐ年貢を引き上げるなどと考えてはいけない」と考え、「間接税」を取ることを考えた。商業利潤に税をかけるというこうした発想は、当時としては画期的だったといってよい。ここから「株仲間」が誕生し、冥加金《みょうがきん》[*2]・運上《うんじょう》などの納税を義務づけ、これが幕府財政を潤すことになる。

第三の政策は、**通貨政策**である。商

*2　商工業や漁業に従事する者に課せられた営業税。

品流通が一層広がり、全国規模となっていたが、日本の東半分では金が、西半分では銀が通貨として使われ、今ひとつ経済発展の障害となっていた。

明和二年（一七六五）、勘定吟味役《かんじょうぎんみ》に就任した川井久敬《かわいひさたか》の献策で、「明和五匁銀《ごもんめぎん》」が作られた。これにより、金と銀が一本化され、さらに安永元年（一七七二）、より工夫された銀貨の「南鐐二朱銀《なんりょうにしゅぎん》」を発行している。

第四の政策は、蝦夷地《えぞ》、すなわち**北海道の開拓**である。このころ、アイヌの人びとは、シベリア・樺太《からふと》などまで行って交易を行っていた。そこで幕府も、積極的に北に関わって貿易の自由を拡大すべきという工藤平助《くどうへいすけ》の上申書をうけ、蝦夷地調査にふみきった。

工藤平助は、仙台藩の藩医であり、開国論の先駆者として知られている。上申書と共に提出した『赤蝦夷風説考《あかふうせつこう》』によって、蝦夷地開発奉行に任命される可能性もあった人物である。計画段階とはいえ、開国計画を打ち出しはじめたところは注目される。しかし、先例を墨守し、新しいことを嫌う譜代門閥《もんばつ》層の反発をくらうことになった点は否めない。

意次がどこまで意識していたかはわからないが、これらの諸政策は、それまで幕府が推進してきた方向を大きく軌道修正するものであった。つまり、それまでの**農業立国から商業立国への方針転換**を迫るものだったのである。

さて、意次の政策の第五は、**印旛沼《いんばぬま》・手賀沼《てがぬま》の開拓と新田開発**である。これは、吉宗時代の事業を引き継いだものであるが、天明六年（一七八六）七月の大洪水で、水の泡となった。この工事は、単なる開拓事業ではなく、利根川から印旛沼を通って、江戸に入る海上流通路を造ろうというもので、商品流通の活性化を視野に入れた事業だったところに特徴があった。

以上みてきたように、田沼意次は、数かずの政策を打ち出し、幕府財政の建て直しに尽力した。それによって、意次の時代、つまり十代将軍家治の時代は全国的に豊かな時代となった。

文化面では、鈴木春信《すずきはるのぶ》が錦絵の技術を開発し、また、蘭学《らんがく》時代の幕を開いた『解体新書』の翻訳、平賀源内《ひらがげんない》の活躍といったように、江戸はさまざまな才能を生かす場所となっていったのである。文化の基盤も、江戸から全国へ広がっていった。

江戸時代でもっとも開明的な、いわゆる「田沼時代」を生み出したのは、田沼意次を登用した家治ということになる。良きリーダーとは、自らが動かずとも「能力」ある人物を登用し、力を発揮する場を与え、その政策を信頼して任せることのできる人物である。家治には、意次の大胆な政策を任せる器量の大きさがあったといえるのではないだろうか。

ところで、これまで、田沼意次というと、どうしても汚職政治家・賄賂《わいろ》政治家のイメージがある。賄賂をむさぼり、驕奢《きょうしゃ》にふけり、そのため綱紀《こうき》は紊乱《びんらん》し、士風も退廃し、その結果、社会不安に陥っていったととらえられている。

田沼意次が悪徳政治家のように描かれたのは、意次のあと政権を担当した松平定《さだ》信《のぶ》との関係からみていくとわかりやすい。この政権交代のあり方は、江戸時代にあっては特殊だった。一種のクーデターとでもよぶべき政変だったのである。松平定信は田沼意次の悪をいいたて、彼を抹殺《まっさつ》することによって自己の政権を確立していったことをみておく必要がある。

難題を克服できず求心力が低下

「田沼時代」とよばれる時期、暴風雨・洪水・火山の噴火など、自然災害が相次いでおこっている。**「天変地異がおこるのは、政治が悪いからだ」**という論法である。

たとえば、意次が老中に就任した年、すなわち安永元年（明和六年、一七七二）をみると、七月に九州で暴風雨、八月上旬には東海から関東にかけて、やはり暴風雨と洪水。下旬には、中国・四国・近畿・東海各地を暴風雨と洪水が襲っており、ちょうどその時期は刈り入れ間近で、せっかく実った稲が流されたり、倒れたりして、農作物に多大な被害が出ている。そのため、元号の「明和」をやめて「安永」へ改元したくらいだから、被害の大きさは並ではなかったことがわかる。しかも、前々年、前年は旱魃《かんばつ》で、三年連続の不作となった。

しかも、どうしたわけか「田沼時代」には、火山も活発な活動をしている。安永七年（一七七八）春と秋には、伊豆大島の三原山が噴火しているが、この時期、三

浅間山夜分大焼之図／美斉津洋夫氏所蔵、長野原町営浅間園提供

原山だけでなく、浅間山、桜島なども噴火したのである。

こうした噴火の影響があったものと思われるが、春の大雪など、異常気象にみまわれたのもこの時期の特徴である。たとえば、翌安永八年（一七七九）には、四月に大雪が降っている。旧暦四月は現在の五月だが、五月の大雪などあまり例はないと思われる。さらにその年八月には、東海・関東から奥羽《おうう》にかけての広い範囲に暴風雨と大洪水の被害がおきており、また小田原で大きな地震もあり、まさに、踏んだり蹴ったりの状況であった。

そして、決定的ともいうべきものが、天明三年（一七八三）の**浅間山の大噴火**である。この年も異常気象で、夏に綿入れを着なければならないほどの寒さだったといわれるが、浅間山の噴火による火山灰が空をおおい、冷夏に拍車をかけ、関東から奥羽にかけて大飢饉《ききん》となる。

ふつう、こうした自然災害の場合、「あれは天災だよ」といって、為政《いせい》者の責任

天明飢饉之図／福島県会津美里町教育委員会所蔵

にはしないものである。ところが、意次の場合は、常に保守グループが「失政がないか」と虎《こ》視《し》眈眈《たんたん》としており、天災をも意次のせいにしようとする動きがあった。

さらにもう一つ、意次にとっては不幸な事件が重なった。天明四年（一七八四）、意次の子

で若年寄《わかどしより》になっていた意知《おきとも》が、江戸城中で新番士の佐野善左衛門政言《さのぜんざえもんまさこと》に斬られ、それがもとで死んでしまったのである。

そして、翌々天明六年（一七八六）八月、将軍家治の死とともに、意次は政権の座から引きずりおろされてしまったのである。

将軍世子の喪失

さて、将軍家治であるが、いまみたように天明六年八月に亡くなっている。死亡の月日については諸説あり、『徳川実紀《じっき》』では九月八日としているが、これは発喪の日で、それ以前に亡くなっていたともいわれている。寛永寺《かんえいじ》に葬られ、正一位《しょういちい》を追贈された。院号を浚明院《しゅんめいいん》という。

家治には、側室・お知保の方が産んだ竹千代という名の男子がいた。もう一人、男子がいたが、わずか三ヵ月で夭折《ようせつ》していたので、男子はこの竹千代だけだった。

家治は当然、自分の後継者と考え、期待をしていた。家基と名乗らせ、明和三年（一七六六）四月七日には、従二位《じゅにい》・権大納言《ごんのだいなごん》に叙任し、やがて十一代将軍になるべくすくすく成長した家基は、同六年（一七六九）十一月には八歳で世子となり、西の丸に入っている。

ところが、安永八年（一七七九）二月二十一日、品川宿の先の新井宿のあたりに鷹狩りに出かけたところ、東海寺で休息中に気分が悪くなり、江戸城にもどったが、その三日後、息を引きとっている。文字通り**突然死**といってよい。十八歳の若さだった。鷹狩りが趣味で、ふだんから健康だっただけに、突然の死は周囲を驚かせた。毒殺説も出たくらいである。

この家基の突然の死は家治もショックだったようで、このあと政治から離れ、絵画・囲碁・将棋といった趣味の世界に逃避していったことからも、家治の落胆ぶりをうかがうことができる。

家治の評価〜名君に見込まれながら田沼時代に埋没

十代将軍徳川家治の将軍在職時の時代を田沼時代とよんでいる。老中・田沼意次が政治の中心となっていた時代である。田沼時代および田沼意次の名前は広く知られているが、「では、田沼時代の将軍は誰?」と問われ、家治と即答できる人はどのくらいいるだろうか。将軍よりも老中のほうが有名になっている一事例ということになるが、もちろん、田沼意次を抜擢し、政治を任せたのは家治である。

家治の将軍在職期は宝暦十年(一七六〇)から天明六年(一七八六)で、一方、田沼意次の老中在職期は明和九年(安永元年・一七七二)から天明六年(一七八六)で、家治の将軍在職期のほぼ半分の時期と重なっている。

では、田沼時代とよばれた田沼政治とはどのようなものだったのだろうか。この時期、政治・経済・文化だけでなく、対外関係まで多方面にわたり矛盾が深刻化し、幕府だけでなく、各藩でも本格的な対応が求められた時代だった。そこで、幕府では商品経済を刺激し、株仲間の拡大、流通特権の付与による運上・冥加金の徴収、蝦夷地の直轄・開発、さらには印旛沼・手賀沼干拓、俵物《たわらもの》役所・銅座の設置による貿易振興など、積極的な経済・財政政策を推進した。それまでの基本だった農業立国を商業立国に改変する動きとして注目される点である。その意味で、開明的な田沼時代といえるわけで、その田沼意次に政治を任せた家治も開明的な将軍といえる。

　ところが、商品経済の急激な発展は、都市や農村での階層分解を引きおこし、天明の飢饉を引き金に、全国的に百姓一揆や打ち毀《こわ》しが続発し、また全国的に自然災害が相次いでおこったことも関係し、将軍家治の死とともに意次も失脚する形となった。もしかしたら、そうした自然災害、それがもたらした飢饉といったことがなければ、田沼時代はもっと続いたかもしれない。

決断力 
統率力 
教養 
経済感覚 
構想力 

十一代 家斉《いえなり》

家斉は一橋治済《ひとつばしはるさだ》の長男として安永《あんえい》二年（一七七三）十月五日に生まれた。十代将軍家治《いえはる》に子どもがいなかったため、天明《てんめい》六年（一七八六）、家治が没した後、翌年、将軍宣下《せんげ》を受けた。

将軍が家治から家斉に代わったことにより、家治時代に権勢を振るっていた田沼意次《たぬまおきつぐ》が失脚《しっきゃく》し、代わって松平定信《まつだいらさだのぶ》が老中《ろうじゅう》となり、寛政《かんせい》の改革が進められる。定信が老中在任中の天明七年（一七八七）六月から寛政五年（一七九三）七月までの間に、七《しち》分積金立法《ぶつみきんたてほう》や人足寄場《ひとそくよせば》の設立による窮民《きゅうみん》救済、旗本《はたもと》・御家人《ごけにん》の救済のための棄捐令《きえんれい》、さらには異学の禁などに取りくんで、幕府初期の姿にもどそうとした。

しかし、寛政の改革は、社会の動向や人心の動きにまったく相反する結果となり、寛政五年（一七九三）、松平定信は罷免《ひめん》され、このあと、十一代将軍家斉の親政となった。

在職は五十年の長きにわたったが、天保《てんぽう》年間の大飢饉《ききん》に際してもこれといった救済策を講じず、大坂では大塩平八郎《おおしおへいはちろう》の乱などがおこったのも家斉の時代だった。

将軍就任時は「お飾り」にすぎなかった

家斉《いえなり》は**御三卿**《ごさんきょう》の一人、一橋民部卿《ひとつばしみんぶきょう》治済《はるさだ》の長男として安永《あんえい》二年（一七七三）十月五日に生まれた。母は岩本内膳正正利《いわもとないぜんのかみまさとし》の娘である。治済には家斉のほかに、治《はる》国《くに》・斉隆《なりたか》・斉匡《なりまさ》・斉敦《なりあつ》・義居《よしすえ》らの男子があった。十代将軍家治《いえはる》に子どもがいなかったことから、天明《てんめい》元年（一七八一）、家治の養子となって江戸城西の丸に移り、翌年の四月三日には元服《げんぷく》に際し、それまでの幼名豊千代《とよちよ》から家斉と改名した。さらに、従二位《じゅにい》・権大納言《ごんのだいなごん》に任じられている。同六年（一七八六）八月、家治が没すると、その跡を継いだが、将軍宣下《せんげ》を受けたのはさらに翌年の四月十五日のことであった。

将軍が家治から家斉に代わったことにより、家治時代に権勢を振るっていた田沼《たぬま》意次《おきつぐ》が失脚《しっきゃく》し、それに代わって陸奥白河《むつしらかわ》藩主・**松平定信**《まつだいらさだのぶ》が老中《ろうじゅう》となって政治の中心になっていくことになるが、まず、田沼意次と松平定信の確執《かくしつ》についてみておきたい。

松平定信といえば、このあとくわしくふれる寛政《かんせい》の改革をリードした老中として

松平定信の系譜

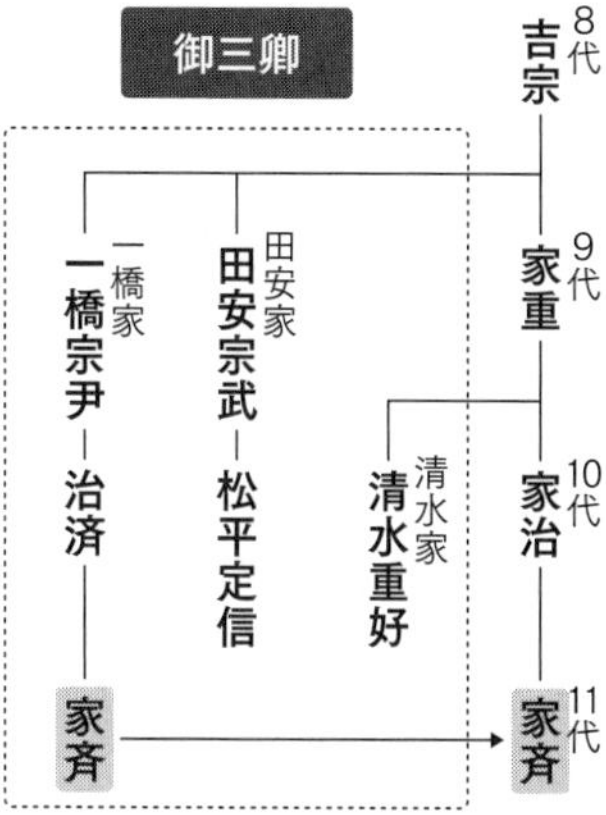

有名である。陸奥白河藩主で、松平姓であることから、「松平一族の地方譜《ふ》代大《だい》名が老中に抜擢《ばってき》された」と考えるのがふつうだろう。ところが、この松平定信は、将軍になれる位置にあったし、現にそのチャンスもあったのである。

将軍就任を阻まれた定信

そこでまず、定信の置かれていた位置をはっきりさせるため、系譜をみておくことにしよう。この略系図からも明らかなように、定信は八代将軍吉宗《よしむね》の孫であった。定信にとって従兄弟《いとこ》にあたる十代将軍家治に子どもはいたものの、跡つぎにと考えていた家治の子家基《いえもと》が死んでしまっていたので、家治には次の将軍を選ぶ必要があった。

このころになると、初代家康《いえやす》の三人の子、すなわち九男・義直《よしなお》の尾張家、十男・頼宣《よりのぶ》の紀州家、十一男・頼房《よりふさ》の水戸家といった御三家《ごさんけ》より、吉宗の子および家重《いえしげ》の子によってはじめられた田安《たやす》家・一橋家・清水《しみず》家の御三卿《ごさんきょう》のほうが血筋は近いということで、家治も御三卿にしぼって、そのなかの誰かを後継者にしたいと考えていた。そして、具体的には田安宗武《むねたけ》の子定信に目星をつけていたのである。

そのまま何事もなければ、定信が十一代将軍の座につくはずだった。ところが、ここで一つ邪魔が入ったのである。田沼意次ら幕閣《ばっかく》が、定信に別の養子縁組の話をもってきたのである。

その時点で、定信自身が将軍家治の「定信を次期将軍にしたい」という内意をつかんでいたかどうかはわからない。仮につかんでいたとしても、それを口実に固辞《こじ》することはできなかったろう。その話があったとき、定信は、表向きは「兄の当主治察《はるあき》が病弱ゆえ」として、いったんは固辞している。

しかし、意次サイドは、家治の内意はつかんでいたらしく、「俊才の聞こえ高い定信が将軍になったらやりにくくなる」との思惑から、かなり強引に**白河藩主松平家への養子縁組計画**を進めている。

結局、幕府の命令というより、田沼意次の命令で、定信は陸奥白河藩主・松平越《えっ》中守定邦《ちゅうのかみさだくに》の養子に出されてしまったのである。安永《あんえい》三年（一七七四）のことで、この年、定信は十七歳であった。意次に将来性を評価された定信が、体《てい》よく地方大名の養子として送りこまれてしまった形である。

その後、十一代将軍には同じく御三卿の一橋家から一橋治済の子家斉が迎えられた。さきの略系図からもうかがわれるように、定信は吉宗の孫なのに、家斉は吉宗の曽《ひ》孫というわけなので、明らかに定信のほうが一代血は近い。定信自身がそう書いているわけではないが、このことを知った定信は、地団駄《じだんだ》を踏んでくやしがったのではなかろうか。自分を他家へ養子に出し、将軍就任のチャンスの芽をつぶしてしまった意次に対し、定信は怒りの気持ちを抱き続けたものと思われる。この確執《かくしつ》が、このあと意次の失脚へとつながっていくことになる。

定信が実際に十一万石の白河藩主となったのは天明《てんめい》三年（一七八三）であった。ところが、時あたかも全国各地に**飢饉**《ききん》の兆候がみえはじめたところで、定信は家督《かとく》を継いだとたん、藩内の飢饉と直面せざるをえない立場に立たされることになった。*1

それまで藩政に関する経験が全くなかった定信ではあったが、このあと、見事な采《さい》配《はい》ぶりを発揮するのである。一つは買米《かいまい》で、定信は食糧不足になることをみこし、あらかじめ、近隣だけではなく、遠くは大坂あたりまで手をまわし、米を大量に買い入れさせている。しかも、それを配する配給制のシステムまで考え出しているのである。

また、飢饉になればたいていの場合、疫病《えきびょう》が流行する。飢饉でこわいのは、餓死《がし》そのものより疫病だということを定信は知っていたのかもしれない。米と同じように薬もあらかじめ買い集め、それを領民に下付している。

そして、もう一つ打った手が雑穀の買い占めである。まだ飢饉が本格化していたわけではなかったので、江戸では雑穀が売られていた。定信は、稗《ひえ》やふすまといった雑穀だけでなく、干し大根や、あらめのような海藻類にいたるまで、とにかく口に入るものは何でも買って白河に送っていた。

こうした施策が実を結んで、他領では何万あるいは何十万という単位で餓死者を出しながら、白河藩領では一人の餓死者も出さなかったという。こうして、「**白河に名君あり**」と喧伝《けんでん》されることになったのである。

その後も、楮《こうぞ》・漆・桑などの加工商品農作物の栽培を奨励するといった農業の安定化に意を用い、また、家臣団の教育にもつとめ、理想的な藩をつくることに成功していた。

おそらく、足もとが安定したという安心感があったものであろう。徐々に中央政界へ出るチャンスをうかがうようになる。その背景には、「いつか田沼意次に意趣返しをしたい」という思いがあったかもしれない。

＊1　天明の大飢饉は近世最悪の飢饉といわれる。浅間山噴火や凶作にくわえ、田沼意次が年貢増徴を打ち出していたため、諸藩が米を備蓄していなかったことも追い打ちをかけた。

意次の失脚と定信の台頭

中央政界へ出るといっても容易ではない。定信は運動をして、まず、「溜間詰《たまりのまづめ》」に昇格させてもらい、そこで将来の同志となるべき人材をさがしはじめている。この「溜間詰」というのは、譜代大名や家門の大名が詰めているところで、定信は仲間づくりに成功している。

定信自身が「信友」と表現した仲間を列挙すると次のようになる。北から順にあげておこう。

本多忠籌《ほんだただかず》　陸奥泉《いずみ》藩
松平信享《のぶつら》　出羽上山《でわかみのやま》藩
牧野忠精《ただきよ》　越後長岡藩
有馬誉純《しげずみ》　越前丸岡藩
松平信明《のぶあきら》　三河《みかわ》吉田藩

戸田氏教《とだうじのり》　美濃大垣《みのおおがき》藩
加納久周《かのうひさのり》　伊勢八田《はった》藩
松平信道《のぶみち》　丹波亀山藩
堀田正穀《ほったまさざね》　近江宮川《おうみみやがわ》藩
牧野宣成《まきのふさしげ》　丹後田辺《たんごたなべ》藩
松平忠告《ただつぐ》　摂津尼崎《せっつあまがさき》藩
本多忠可《ただよし》　播磨《はりま》山崎藩
奥平昌男《おくだいらまさお》　豊前中津《ぶぜんなかつ》藩

このなかでも定信が最も信頼を寄せていたのは**本多忠籌**で、二人は相談しあいながら、田沼追い落としの機会を狙っていた。

意次の子意知《おきとも》が殺され、また、打ち続く天災を「意次の悪政のせいだ」と非難されながらも、政権の座にしがみついていた意次が引きずりおろされた直接的なきっかけは、天明六年（一七八六）の将軍家治の死であった。

しかし、意次は失脚しても、意次の息のかかった幕閣たちはそのまま居すわっていたので、それに代わって「すぐ定信に」というわけにはいかなかった。もうワンクッション必要だった。それが翌天明七年五月の江戸でおきた大規模な**打ち毀《こわ》し**である。

この江戸城のお膝もとでおきた打ち毀しで、定信待望論が急浮上してきたのである。そして六月、定信は何と三十歳という若さで老中に就任しているのである。ここでも、吉宗の孫という毛並みのよさがものをいったことがうかがわれる。

老中に就任するや否や、定信は仲間だった本多忠籌をすぐ若年寄勝手掛《わかどしよりかってがかり》に抜擢し、しかも同じく仲間だった加納久周を御側御用取次《おそばごようとりつぎ》に起用し、すばやく、幕閣の人事入れ替えに着手している。

厳格すぎた寛政の改革

新将軍家斉の政治は、この老中・松平定信によって進められ、すべてひっくるめて**寛政の改革**とよばれている。この寛政の改革は、定信が老中在任中の天明七年

寛政の改革のおもな政策

倹約令		衣食住をはじめ日常生活は質素・倹約を旨とする。
社会改革	▶ **囲米の制**	1万石につき50石を備蓄せよと諸大名に指示。
	▶ **七分金積立**	町入用（町方収支）の70%を積立し経費を削減。
	▶ **人足寄場**	無宿人などを寄場に収容し職業訓練させる。
旧里帰農令		荒廃した農村から江戸に流入した者に里に帰るよう奨励。
思想統制		寛政異学の禁を発し、朱子学によって封建制度を維持。
風俗矯正		洒落本の出版禁止、江戸では混浴の禁止など。
海防強化		貿易交渉を求めロシア使節が来航したことに対し、海防を強化。

（一七八七）六月から寛政五年（一七九三）七月までの間に取りくまれたもので、**七分積金立法**《しちぶつみきんたてほう》や**人足寄場**《にんそくよせば》**の設立**による窮民《きゅうみん》救済、旗本《はたもと》・御家人《ごけにん》の救済のための**棄捐令**《きえんれい》、さらには**異学の禁**などを行って、幕府初期の姿にもどそうとしたものであった。

　寛政の改革を一言で表現すれば、復《ふっ》古《こ》政策ということになろうか。要するに、田沼時代とはまったく逆な方向をめざしたのである。たとえば、座・会所をやめさせ、運上《うんじょう》・冥加金《みょうがきん》の多くを廃止している。幕府と商業資本との結びつきを断とうというわけである。

なお、商業資本にとってもっと痛手なことがあった。それが定信による極端な**緊縮政策**である。定信は老中首座に就任すると同時に倹約令を出しており、幕府や大奥の支出を大幅に減らしている。これは、田沼時代の内需拡大の経済政策とは逆の施策であり、商業資本の受けたショックには大きいものがあった。倹約令はその後も何度も頻発されているが、綱紀粛正《こうきしゅくせい》は定信自らが率先したという。

有名なエピソードであるが、老中として初登城した日、定信は質素な木綿と麻の礼服を着、胡麻味噌をそえた弁当を持参したという。そこには三十歳という若さと、使命感をおびた熱血ぶりがうかがえるが、その熱血ぶりは一般民衆の私生活にも容赦なく入り込んでいった。たとえば、銭湯での男女混浴を禁止しているし、また、それまで黙認されていた私娼《ししょう》をきびしく取り締まり、女髪結《おんなかみゆい》の禁止、言論・出版に対する統制も行った。*2

ただ、このように書くと、寛政の改革がマイナスのように受けとられてしまうが、石川島の人足寄場の設置など評価される面も少なくない。

もっとも、年表などには「寛政二年（一七九〇）松平定信が江戸石川島（隅田川

河口）に人足寄場を設置」などと書かれ、定信の施策にカウントされているが、発案したのも、実際に設置にあたったのも松平定信ではない。

実は、人足寄場設置を定信に建議したのは「鬼平」の名で知られている**長谷川《はせがわ》平蔵《へいぞう》**であった。火付盗賊改《ひつけとうぞくあらため》という役職についた長谷川平蔵は、「召し捕りの名

＊2　家斉が在職したのは天明・寛政・享和・文化・文政・天保の長きにわたるが、この時代は江戸庶民・町民文化が成熟した時期でもある。政治や社会の出来事、日常の生活を風刺する洒落本、川柳が流行した。

人」などともいわれ、彼の活躍によって、江戸市中の治安がかなり回復した。平蔵は、逮捕者にただ罰を与えるだけでなく、彼らを立ち直らせる自力更生の道を考えたのである。

人足寄場に収容された者は、手に職をもっていれば、その関連の仕事を与えられる。大工・左官・鍛冶などである。特に職をもたない者は、油搾《しぼ》りや紙漉《す》きに従事した。しかも、手間賃をもらうので、それを貯めておいて、出所後、開業資金にしたりしていた。**人足寄場に収容された者から再犯者が出る確率は低かった**といわれるので、この施策は成功だったといってよい。

長谷川平蔵のような人物がいたからこそ、松平定信の寛政の改革もある程度、軌道に乗ったという側面もみておかなければならないように思われる。

しかし、寛政の改革は、社会の動向や人心の動きにまったく相反する結果となり、寛政五年（一七九三）、松平定信は罷免《ひめん》され、このあと、十一代将軍家斉の親政となるが、しばらくの間は、幕閣に本多忠籌・松平信明らが残っていて、定信の基本方針は受けつがれていたのである。

しかし、松平信明が老中上座をやめてからは、水野忠成《みずのただあきら》が老中として権勢を振るい、そのため綱紀は乱れ、賄賂《わいろ》が横行するようになり、政治そのものも乱れるようになったのである。

節操がなかった好色将軍

とりわけ、家斉自身の大奥における豪奢《ごうしゃ》な浪費生活は幕府財政をいっそう窮乏化させた。たとえば、天保《てんぽう》四年（一八三三）、家斉が寵愛《ちょうあい》したお美代《みよ》の方の懇願により、江戸の雑司ヶ谷《ぞうしがや》に工費一万千五百両で感応寺《かんのうじ》を創建させていることなどは、家斉がいかに幕府財政を浪費したかがうかがわれる好事例といえる。

また、家斉には正室《せいしつ》の篤姫《あつひめ》のほかに、名前が知られている側室だけでも、お万の方・お楽《らく》の方・お梅の方・お歌の方など合わせて四十人に及び、男女合わせて**五十五人の子ども**をつくっているのである。

このうち成人したのはおよそ半数であったが、すでに幕府の財政能力からみても一家を立てることは不可能で、他家に養子に出された者が多かった。

在職五十年の長きにわたったが、天保年間の大飢饉に際してもこれといった救済策を講じず、大坂で**大塩平八郎《おおしおへいはちろう》の乱**などがおこった。*3

家斉の時代、各地で百姓一揆《いっき》が頻発するなど社会不安が強まったが、文化的には町人文化の爛熟《らんじゅく》期で、文化・文政期（一八〇四〜三〇）の文化ということになり、文化の化、文政の政をとって**化政文化**とよばれている。

家斉は天保十二年（一八四一）閏《うるう》正月七日に没し、寛永寺《かんえいじ》に葬られた。院号を文《ぶん》恭院《きょういん》という。

*3　天保の飢饉は寛永・享保・天明に続く江戸四大飢饉のひとつ。洪水や冷害が原因で、東北地方を中心に餓死者が多数出た。天保八年（一八三七）、天保の飢饉の影響で大坂でも餓死者が続出した。これを見た大坂町奉行所の元与力・大塩平八郎とその門人らが、窮民救済のため武装蜂起した。

家斉の女性関係と子女

（記録に残る主な者、▼は早世）

	子（男子）	子（女子）
正室		
近衛寔子	敦之助（→清水家）▼	
側室		
お楽の方	徳次郎（→12代・家慶）	
お万の方	竹千代▼	淑姫（→尾張家正室）／瓊岸院▼ 綾姫（→伊達家正室）
お梅の方	端正院▼	
お宇多の方	敬之助（→尾張家）▼／豊三郎▼	五百姫▼／舒姫▼
お志賀の方		総姫▼
お利尾の方		格姫▼
お登勢の方	菊千代（→紀伊家11代・斉順）	峰姫（→水戸家正室）／寿姫▼／晴姫▼
お蝶の方	時之助▼／虎千代（→紀伊家）／友松▼ 斉荘（→尾張家12代）／久五郎▼	享姫▼／和姫（→毛利家正室）
お美代の方		溶姫（→前田家正室） 末姫（→浅野家正室）
お以登の方	斉善（→福井松平家） 松平斉省（→川越松平家） 松平斉宣（→明石松平家）	琴姫▼／永姫（→一橋家正室）
お袖の方	陽七郎▼／斉彊（→紀伊家12代） 富八郎▼	岸姫▼／文姫（→高松松平家正室） 艶姫▼／孝姫▼
お八重の方	斉明（→清水家4代） 斉衆（→池田家） 斉民（→津山松平家）／信之進▼ 斉良（→館林松平家） 斉裕（→蜂須賀家）	盛姫（→鍋島家正室） 喜代姫（→酒井家正室）
お美尾の方		浅姫（→福井松平家正室）
お屋知の方		高姫▼／元姫（→会津松平家正室）
お八百の方	奥五郎▼	
お瑠璃の方	斉温（→尾張家11代）	泰姫（池田家正室）

家斉の評価〜歴代最長五十年の放漫政治

十一代将軍徳川家斉の将軍在職期間は、天明七年（一七八七）から天保八年（一八三七）までの実に五十年の長期にわたっている。その前半は、老中・松平定信の時代、後半は徳川家斉の親裁の時代である。

そして、松平定信の時代に取りくまれたのが、江戸三大改革の一つにカウントされる寛政の改革である。これは、田沼時代末期の天明の飢饉、全国的な一揆・打ち毀しの頻発といった社会不安を受け、政治・経済・社会・思想のあらゆる面で、重農主義的政策を推進したものであった。

たとえば、全国的に貯穀を奨励したり、江戸では七分積金の法による町会所設立、人足寄場の新設など社会政策を進めたことが知られている。これらの政策により、揺らいだ幕府権威の再強化をはかったのである。旗本・御家人の救済のための棄捐令も有名である。

ただ、寛政の改革は、社会の動向や人心の動きに相反する結果となり、松平定信が老中を罷免されたことで終わっており、その後、家斉の将軍親裁の時代となる。

もっとも将軍親裁といっても、政治はやはり、松平定信の後任の老中、たとえば松平信明や水野忠成らが政治を取りしきっている。ところが、その後の老中に、松平定信を上まわる人材がおらず、水野忠成のときには綱紀が乱れ、賄賂が横行し、政治が乱れてしまったのである。

さらに、将軍家斉本人も、天保年間（一八三〇〜四四）の大飢饉に際し、これといった救済策を講じた形跡もなく、各地で百姓一揆が頻発するなど、不安定な時代を迎えてもこれといった手を打っていない。そればかりか、家斉自身、大奥において、四十人の側室に五十五人の子を産ませ、こうした豪奢な浪費生活は、幕府財政をさらに逼迫《ひっぱく》させる結果になったこともみておく必要がある。

決断力　☺☺☺　　統率力　☺☺☺
教養　☺☺☺　　経済感覚　☺☺☺
構想力　☺☺☺

十二代 家慶《いえよし》

家慶は寛政《かんせい》五年（一七九三）五月十四日、十一代将軍徳川家斉《いえなり》の次男として生まれた。一説には四男ともいう。兄の竹千代《たけちよ》がわずか二歳で亡くなったため、長男の扱いを受け、若君様と呼ばれ、天保《てんぽう》八年（一八三七）九月二日、家斉の譲りを受けて十二代将軍となった。ただ、家斉が大御所《おおごしょ》として実権を握っていたので、実際に政治を動かすのは、天保十二年（一八四一）閏《うるう》正月七日に家斉が没してからである。

家慶は水野忠邦《みずのただくに》を老中《ろうじゅう》首座として政治を任せ、忠邦によって天保の改革が推進されることになる。天保の改革は多岐《たき》にわたるが、一つは風俗の取り締まりで、奢侈《しゃし》の禁止を励行《れいこう》させている。さらに、「人返しの法」に代表される農民の帰農政策および株仲間の解散を中心とする商業統制策であった。

また、「上知令《あげちれい》」も出されたが、幕府内の強い反発だけでなく、町人や農民の反対もうけて、結局撤回しており、天保の改革は失敗に終わっている。

この忠邦の失脚により、諸大名たちも将軍権力の後退を認識しはじめ、加えて、外国船の来航が相つぐなか、家慶は嘉永《かえい》六年（一八五三）六月二十二日、没している。

いよいよ自分の時代が来たと思ったら

家慶《いえよし》は寛政《かんせい》五年（一七九三）五月十四日、十一代将軍徳川家斉《いえなり》の次男（一説に四男）として生まれている。家斉の長男は寛政四年に生まれた竹千代《たけちよ》で、名前からしても家督《かとく》相続者とされてきたが、翌五年、わずか二歳で死んでしまった。そのため、次男の家慶が長男扱いであった。母は小姓《こしょう》組・押田敏勝《おしだとしかつ》の娘**お楽《らく》の方**で、家斉の数多い側室の一人である。

長男の竹千代が死んでしまったため、御台所《みだいどころ》・篤姫《あつひめ》の養育を受け、若君様と呼ばれ、寛政九年（一七九七）に元服《げんぷく》して、家慶と名乗り従二位《じゅにい》・権大納言《ごんのだいなごん》に任じられた。官位《かんい》のほうはどんどん進み、文化《ぶんか》十三年（一八一六）には右近衛大将《うこんえのだいしょう》・右馬寮《りょうごげん》御監を兼ね、文政《ぶんせい》五年（一八二二）には正二位《しょうにい》・内大臣《ないだいじん》となった。その間、文化六年（一八〇九）、有栖川宮織仁親王《ありすがわのみやおりひとしんのう》の娘・楽宮《さざのみや》と結婚している。

退隠した家斉の譲りを受けて将軍となったのは天保《てんぽう》八年（一八三七）九月二日で、

家慶をめぐる人物関係図

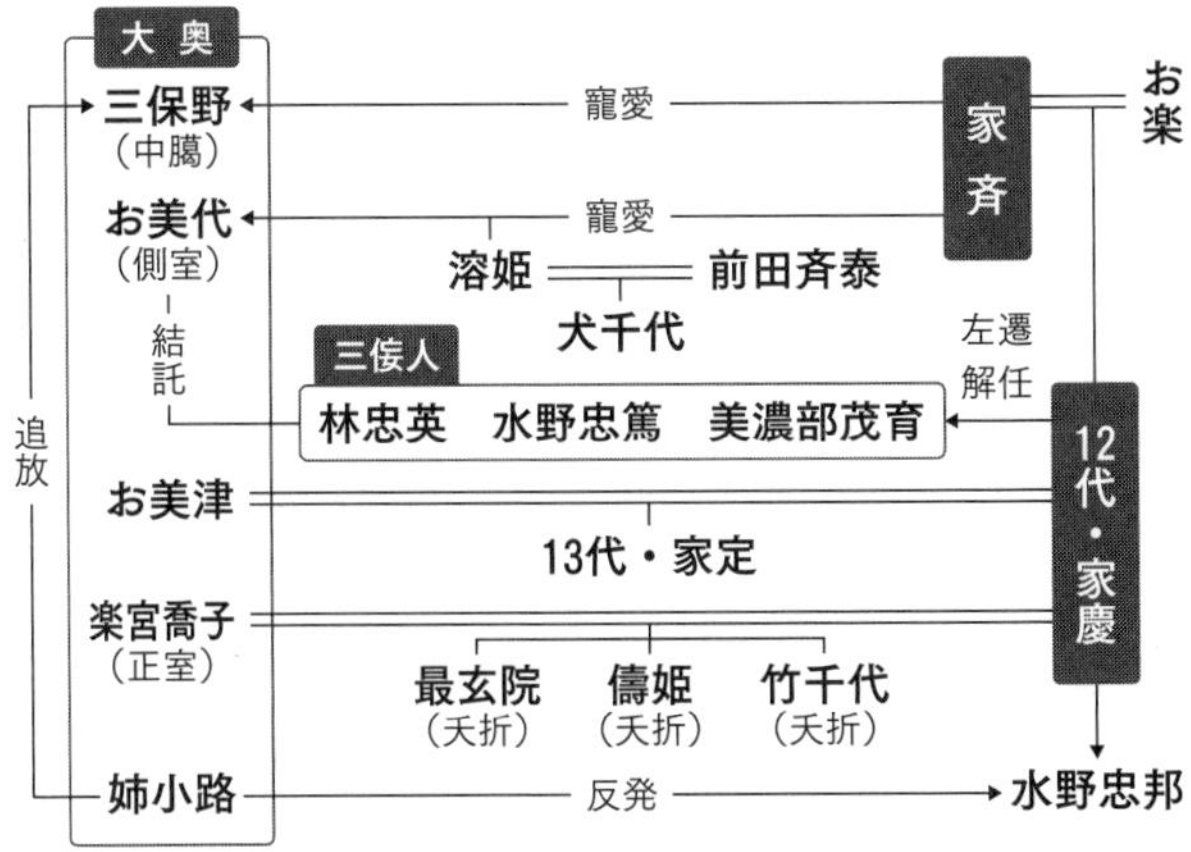

家慶が将軍を継いだときにはすでに四十五歳であった。しかも、西の丸に退いた家斉は、大御所《おおごしょ》として依然として実権を握っていたため、実際に政治を動かすのは、天保十二年（一八四一）閏正月七日に家斉が没して以後のことになる。

家斉が死んだあと、家慶が真っ先に行ったのは、**水野忠邦**《みずのただくに》を老中《ろうじゅう》首座とし、家斉の寵臣《ちょうしん》で若年寄《わかどしより》の林《はやし》肥後守《ひごのかみ》忠《ただ》英《ふさ》や、家斉側近の御側御用取次《おそばごようとりつぎ》・水野忠篤《ただあつ》以下の西の丸派を罷免《ひめん》したことである。さらに大奥勢力の粛清《しゅくせい》に乗り出している。ここから**天保の改革**がはじまるわけであるが、天保の改革の中身に入る前に、老中首座として改革を推進した水野忠邦についてあらかじめみておきたい。

老中の座を射止めた忠邦の秘策

水野忠邦は、肥前国唐津《ひぜんのくにからつ》藩主・水野忠光《ただあきら》の次男として寛政六年（一七九四）六月、江戸で生まれている。兄の芳丸《よしまる》が死去したため世子《せいし》となり、文化四年（一八〇七）元服し、同九年（一八一二）忠光の隠居《いんきょ》に伴い、唐津藩六万石を襲封することになった。このとき忠邦は十九歳である。

藩主となった忠邦は奏者番《そうしゃばん》という役職についている。水野家のような譜代《ふだい》大名の場合、奏者番から大坂城代などになり、さらに老中へと進んでいく、いわゆる出世コースが用意されていた。ところが、唐津藩主には隣接する長崎の警固役という特別な任務が課されていたため、それ以上に進めなかったのである。奏者番が幕閣《ばっかく》への登竜門

とみなされていただけに、忠邦には残念に思えてならなかっただろう。

忠邦自身の考えか、あるいは誰かの入れ知恵だったのかわからないが、「それならば唐津藩主に固執することはない」と考えた。「どこがいいか」とみまわしたとき、忠邦の脳裏に浮かんだのが遠江《とおとうみ》の浜松城であった。この浜松城と三河《みかわ》の岡崎城は、ともに昔、徳川家康が城主だったことがあり、**〝権現様《ごんげんさま》ゆかりの城〟**というわけで、出世城などといわれていた。事実、浜松城主・岡崎城主をみると、そこから大坂城代なり京都所司代になり、老中の座につく人が何人も生まれていた。

忠邦は賄賂《わいろ》による転封《てんぽう》運動*1をはじめ、文化十四年（一八一七）、浜松藩主への転封となり、同時に、寺社奉行に昇進している。

そして、天保五年（一八三四）三月、水野忠成《ただあきら》の後任として本丸老中となり、そのあと老中首座となって、天保の改革を推進するのである。

急進的すぎた「天保の改革」

天保の改革の柱の一つは、文化・文政期、すなわち十一代将軍家斉の時代にゆるんだ綱紀《こうき》の粛正《しゅくせい》であった。

なお、忠邦は、幕臣《ばくしん》たちの綱紀の引き締めだけでなく、一般民衆に対する抑制もはじめている。天保十二年（一八四一）五月二十三日付で、関東農村に「**奢侈《しゃし》禁止令**」と、同年十月十五日に江戸に「**奢侈を禁止する町触**」が出されている。「ぜいたくは敵だ！」というわけで、豪華な料理や菓子が禁止され、金や鼈甲《べっこう》を用いた櫛《くし》とか笄《こうがい》の使用が禁止され、もちろん華美な着物も取締りの対象になった。[*2]

たとえば、町を華美な着物で歩いているのをみとがめられ、「すぐ町奉行所へ出頭せよ」などといわれたという。町奉行所のなかに市中取締掛《がかり》という機関が設けられているくらいなので、忠邦は本気で取り締まろうとしていたことがわかる。[*3]

風俗取締り以外の改革で注目されるのが「**人返しの法**」に代表される農民の帰農政策である。この背景には、たび重なる飢饉《ききん》、さらには百姓一揆《いっき》によって農村の荒廃が進み、そのため、農村を捨てて都市に流入する人がふえたことがあった。つまり、年貢を確保するために、農民を郷村に帰す政策をとったということになる。この結果、一時的には農村人口の江戸流入にストップがかかったが、ほとんど効果は

＊1　幕府が大名の領地をかえること。
＊2　水野忠邦は芝居を贅沢なものと考え、江戸三座（歌舞伎の興行を許された芝居小屋）を辺鄙な土地だった浅草（猿若町）へ移転させた。
＊3　皮肉なことに、倹約令によって家慶の好物だった芽生姜の栽培まで禁止された。

なかった。

次が、**株仲間の解散**を中心とする商業統制策であり、これは同時に物価政策であった。というのは、法令の趣旨が、「物価が高いのは株仲間の独占によるもので、今後は自由に誰でも取引をやってよい」となっていることからも明らかである。しかし、株仲間を解散しても、物価は下がらなかった。結局、経済を混乱させるだけだったのである。

そして、極めつけというべきものが「**上知令**《あげちれい》」で、これは、江戸・大坂周辺の錯《さく》雑《ざつ》した領地支配の状況を解消するため、封土転換により、幕府直轄地を集中させようと企図したものであった。いわば統一権力強化で、中央集権機能の回復をはかろうとしたものである。ただ、この上知令は幕府内の強い反発だけでなく、町人や農民の反対もあり、結局、撤回せざるをえなかった。

こうして、天保の改革が失敗に終わったのは、改革そのものが急激で、しかも峻烈を極めたことにある。このため、各方面で恨みを買い、忠邦は改革に着手してわずか二年で、天保十四年（一八四三）閏九月、老中を罷免《ひめん》されている。

天保の改革のおもな政策

生活緊縮	▶ **倹約令** 衣食住・趣味娯楽・年中行事まで厳しく統制。
社会・経済統制	▶ **株仲間の解散** 物価高騰の沈静化を図る。 ▶ **棄捐令** 没落した旗本や御家人向けに借金の返済の免除を実施。 ▶ **人返しの法** 江戸に流入した農民に帰村を命じる。
政治統制	▶ **軍事改革** 西洋砲術の導入を図る。 ▶ **対外政策** 異国船打払令の緩和、外国船への飲料水・燃料の供給を認める。 ▶ **上知令** 江戸・大坂周辺の大名領地の一部を没収し幕府の財源にあてる。

このあと、**阿部正弘**《あべまさひろ》が老中となり、多難な国事に当たることになったが、このころから特に外国船の来航が相つぎ、弘化《こうか》三年（一八四六）には、幕府は朝廷から海防を厳重にするようにとの沙汰《さた》を受けているのである。

嘉永《かえい》六年（一八五三）六月、**ペリー**が浦賀《うらが》に来て日本の開国を要求するが、このとき家慶は病床にあった。結局、後事を阿部正弘・徳川斉昭《なりあき》に託し、六月二十二日に没した。増上寺《ぞうじょうじ》に葬られ、院号を慎徳院《しんとくいん》という。

家慶の評価～人を見る目は確かだった

十二代将軍徳川家慶を評価するとなれば、家慶が抜擢《ばってき》し、老中首座として政治を任せた水野忠邦の天保の改革をどう評価するかである。家慶が将軍職を継いだころ、大塩平八郎の乱や、全国的に大規模な百姓一揆・打ち毀《こわ》しが頻発し、幕府財政も極度に悪化していた。そればかりでなく、モリソン号事件やアヘン戦争などの内外情勢も緊迫の度を高めていたのである。

こうした危機に対処し、支配体制の維持をはかるためにはじめられたのが天保の改革だった。この天保の改革も江戸三大改革の一つとされており、先の二つの改革、すなわち享保の改革、寛政の改革の時代への復古《ふっこ》もねらいであった。

江戸などの都市部に対しては、寄席《よせ》の閉鎖などによる制限、歌舞伎《かぶき》の弾圧、出版の検閲制など、奢侈・風俗・思想のきびしい取締りが行われ、農村に対しては、年貢増徴策がとられ、また、物価引き下げをねらった株仲間解散令、さらに下層町人人口の減少と農村復興のための「人返しの法」などが出されている。

しかし、江戸・大坂周辺の警備強化をうたった上知令は強い反発をうけた。結果論であるが、天保の改革は、改革そのものが急激だったことで浮いてしまい、忠邦は改革に着手してわずか二年で、天保十四年（一八四三）に老中を罷免されている。

　この天保の改革に将軍家慶自身がどの程度関与していたかわからない面もあるが、このころの将軍は、自ら政治を行うのではなく、任せた老中に政治をゆだねているので、水野忠邦の失敗は、家慶の失敗といえなくもない。

　なお、このあと、老中となったのは阿部正弘で、天保十四年（一八四三）から安政四年（一八五七）までその職にあった阿部正弘のその後の活躍ぶりからみると、この人選では家慶が点をかせいだといえるかもしれない。

決断力　　統率力

教養　　経済感覚

構想力

十三代 家定《いえさだ》

家定は十二代将軍徳川家慶《いえよし》の四男として文政《ぶんせい》七年（一八二四）四月八日に生まれている。長男・次男・三男がいずれも夭折《ようせつ》したため、四男ながら家定が世子《せいし》となった。天保《てんぽう》十二年（一八四一）、将軍継嗣《けいし》に上げられ、嘉永《かえい》六年（一八五三）六月二十二日に家慶が亡くなると、七月に相続し、十月二十三日、将軍に任じられ、名を家祥《いえさき》から家定に改めている。

家定の正室《せいしつ》が篤姫《あつひめ》で、近衛忠熙《このえただひろ》の養女であるが、実は、薩摩《さつま》の島津斉彬《しまづなりあきら》の養女だった女性である。

実際の政治は老中《ろうじゅう》首座・阿部正弘《あべまさひろ》に任せる形だったが、全くの丸投げというわけではなく、家定自身、海防の充実には力を入れており、それまでの大船建造の禁を解いただけでなく、オランダからゲベール銃を購入して老中や若年寄《わかどしより》に分与したり、江戸築地の講武所《こうぶしょ》の構内に軍艦教授所を開き、幕臣《ばくしん》や諸藩の藩士たちの訓練の場として いたことが知られている。

ただ、家定自身は、安政《あんせい》五年（一八五八）七月六日、三十五歳の若さで亡くなっている。

家慶の子のなかで唯一の成人

家定《いえさだ》は十二代将軍徳川家慶《いえよし》の四男として文政《ぶんせい》七年（一八二四）四月八日に生まれた。家慶の長男竹千代《たけちよ》は文化《ぶんか》十年（一八一三）に生まれたが、翌年死んでおり、次男嘉千代《よしちよ》も文政《ぶんせい》二年（一八一九）に生まれて翌年死に、三男も文政五年（一八二二）に生まれたが、その年に死んでいる。いずれも夭折《ようせつ》していたので、家定が四男ながら世子《せいし》となった。母は**おみつの方**といって、書院番諏訪頼存組《しょいんばんすわよりつぐ》の跡部正寧《あとべまさやす》の娘である（一説に跡部正賢《まさかた》の娘ともいう）。

家定は、幼名を政之助《まさのすけ》、のち文政十一年（一八二八）からは家祥《いえさき》と名乗った。天保十二年（一八四一）、将軍継嗣《けいし》に上げられ、嘉永《かえい》六年（一八五三）六月二十二日、家慶が死ぬと、七月に相続し、十月二十三日、将軍に任じられ、名を家定と改めた。

ところで家定は三人の正室を迎えている。初めは天保《てんぽう》十二年（一八四一）で、鷹《たか》司政通《つかさまさみち》の養女・任子《あつこ》と結婚したが、任子は嘉永元年（一八四八）に没し、翌二年、

家定をめぐる人物関係図

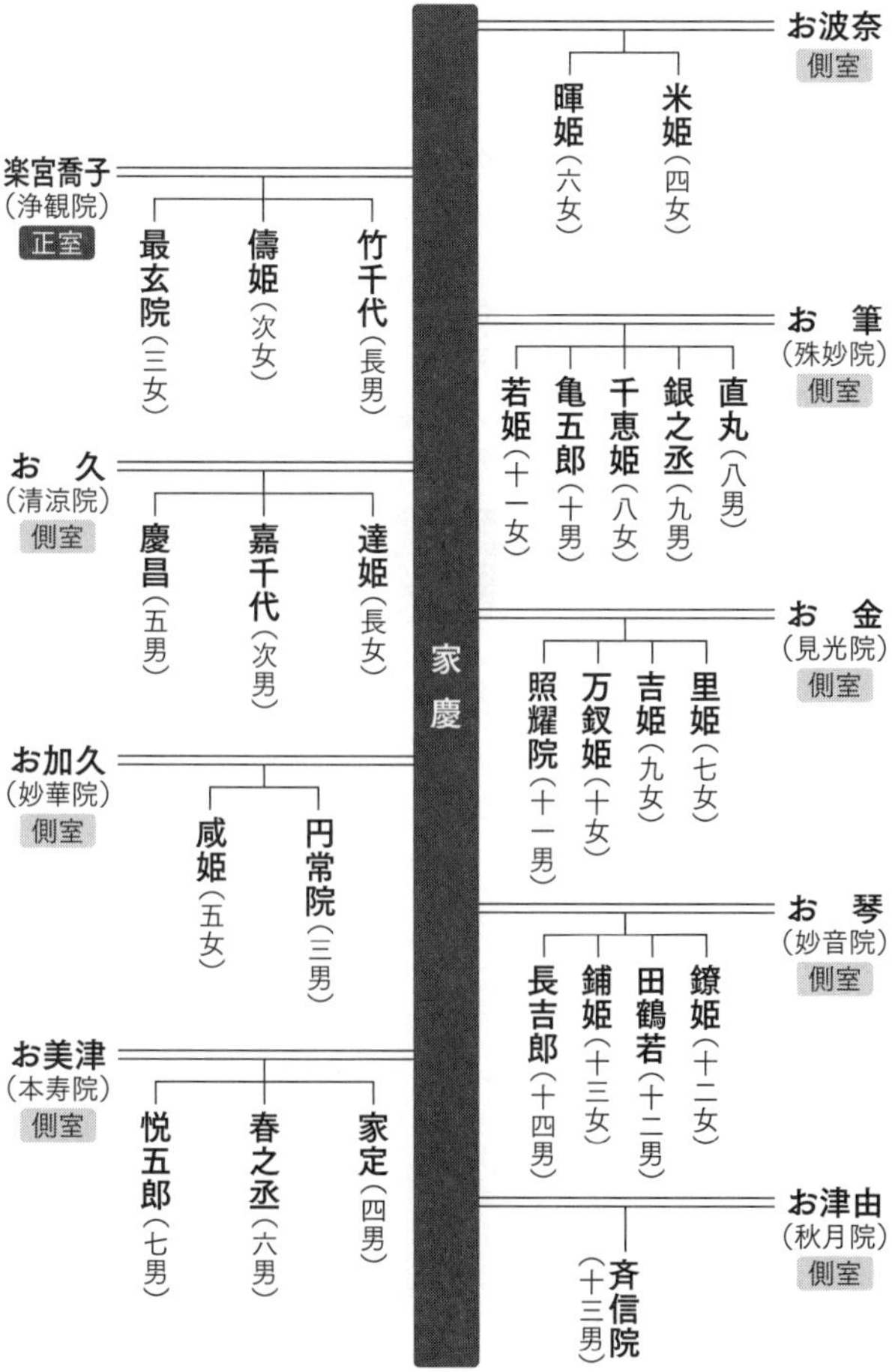

今度は一条忠良《いちじょうただよし》の娘・秀子《ひでこ》を迎えたが、彼女も翌年没しており、安政《あんせい》三年（一八五六）、近衛忠熙《このえただひろ》の養女・敬子《すみこ》（篤姫《あつひめ》）を迎えている。ただ、家定は、生まれつき病弱で子どもが生まれず、このことが将軍継嗣《けいし》問題につながることになる。

実際の政治は老中《ろうじゅう》首座・**阿部正弘**《あべまさひろ》に任せる形となるので、家定将軍在位時の政治状況について次にみておきたい。

就任早々、次の将軍の継嗣問題

嘉永六年（一八五三）、**ペリー**が浦賀に来航した際、時の老中首座・阿部正弘は、事態の重大性にかんがみて、それまでの前例を破って朝廷に報告した。その報告を受け取った朝廷では、アメリカ大統領国書の訳文も論議され、勅使《ちょくし》・三条実万《さんじょうさねつむ》が江戸城に下向し、幕府の処置をいちいち上奏するよう求めている。

江戸時代を通じて、政治からはずっと無縁の立場に置かれていた天皇・朝廷が、

政治に対し積極的に発言をしはじめたわけである。もちろん、外圧・外患という形での対外的危機が迫ったことで、幕府としても天皇・朝廷の存在を意識せざるをえなかったという理由があるが、そのころ、**尊王《そんのう》論**が**攘夷《じょうい》論**と結びついて一つの運動になりつつあったことも大きく影響していたと思われる。[*1]

＊1　尊皇とは皇室を政治的な権威として尊崇すべきと説く思想、攘夷とは欧米列強を排除しようとする思想。孝明天皇が攘夷論を唱えたことから尊皇攘夷思想として理解されていた。

阿部正弘は、この危機を乗りきるため、とりあえず大藩の藩主と結ぶ方向を考え、越前の松平慶永《まつだいらよしなが》・薩摩《さつま》の島津斉彬《しまづなりあきら》らに接近しはじめた。

ところが、これに井伊直弼《いいなおすけ》を中心とする譜代《ふだい》親藩が反対し、折からの十三代家定の継嗣問題もからんでさらに複雑化した。雄藩《ゆうはん》連合を構想する側は、水戸の徳川斉昭《なりあき》の子一橋慶喜《ひとつばしよしのぶ》を推し、井伊直弼らは紀州《きしゅう》藩の徳川慶福《よしとみ》（のちの家茂《いえもち》）を推して争いとなったのである。

なお、この島津斉彬の養女だったのが前述した家定の三人目の妻・敬子である。近衛忠煕の養女であるが、彼女は島津の支族・島津忠剛《ただたけ》の娘で、斉彬の養子となっており、それを幕府は右大臣近衛忠煕の養女にして家定に嫁《とつ》がせたのである。篤姫の名で知られている。安政三年（一八五六）四月に忠煕の養女とするという勅許《ちょっきょ》を得たのち、七月十七日に朝廷から結婚の許可をとりつけ、十一月十一日、敬子、すなわち篤姫は江戸城に入っている。なお、彼女は家定の死後も江戸城に残り、**天璋院**《てんしょういん》と号したことで知られている。

欧米列強の脅威に備える

老中首座・阿部正弘に政権を丸投げしていた感のある家定であるが、海防の充実には力を入れていた。

幕府が「只今之時勢大船御用の儀に付、自今諸大名共大船製造致し候儀御免成され候間、作事方並びに船数共委細相伺い差図を得べきの旨仰出され候」と令して、**大船建造の禁を解いた**のは、家定が将軍就任前だが、相続した後の嘉永六年（一八五三）九月十五日のことであった。これは、海防の充実が焦眉《しょうび》の課題となっていたからである。[*2]

*2 嘉永七年（一八五四）、ペリー率いるアメリカ東インド艦隊が再び浦賀に来航した。幕府は、アメリカとの間に日米和親条約（神奈川条約）を締結。アメリカとの間に国交が樹立され、二〇〇年以上にわたる一部の国との鎖国政策を放棄した。

また、家定は、安政三年（一八五六）、オランダから購入したゲベール銃を老中・若年寄《わかどしより》に分与し、防衛に全力をそそぐよう要望しており、同年三月二十二日には、**下曽根金三郎《しもそねきんざぶろう》**・**勝海舟《かつかいしゅう》**らを講武所《こうぶしょ》砲術教授方とした。安政四年（一八五七）閏《うるう》五月十一日には江戸築地の講武所の構内に**軍艦教授所**を開き、幕臣《ばくしん》や諸藩の藩士たちの訓練の場としている。また、同年十月には、家定は日本駐劄《ちゅうさつ》総領事に任命されていたタウンゼント・ハリスを江戸城に引見している。[*3]

しかし、翌五年（一八五八）七月三日、脚気《かっけ》の病状が進んで重態となり、ついに七月六日、三十五歳の若さで亡くなった。

なお、阿部正弘のあと、政治の中心となったのは老中首座の堀田正睦《ほったまさよし》で、彼は安政四年（一八五七）十二月、朝廷に**日米修好通商条約締結**の意向を伝え、翌五年二月、自ら上洛《じょうらく》し、参内《さんだい》して勅許を求めている。ところがこのとき、孝明《こうめい》天皇を中心とする朝廷は調印不許可の命令を出した。

それまで、奏聞《そうもん》を追認するにとどまっていた朝廷が、ここではじめて幕府に反する意思表示をしたことになるわけで、幕府はこのあと苦境に追いこまれる。そのよ

安政の改革のおもな政策

幕府の新体制

譜代大名による合議体制を改め、外様大名の島津斉彬や松平春嶽のほか、徳川一門の長老である徳川斉昭を幕政参与に招いた。

軍事・外事機関の強化

軍事訓練機関の講武所、洋学研究機関の蕃書調所、士官育成機関の長崎海軍伝習所などを設置。

人材育成

幕府の軍事面での諮問機関として海岸防禦御用掛（海防掛）を新設。勝海舟をはじめ、身分や家柄にかかわらず能力のある幕臣を登用。

うなかでの家定の死であった。寛永《かんえい》寺《じ》に葬られ、正一位《しょういちい》・太政大臣《だいじょうだいじん》が追贈された。院号を温恭院《おんきょういん》という。

*3 駐日アメリカ大使のタウンゼント・ハリスは、江戸城で家定と謁見した。これが先例となり、西欧列強の使節が将軍謁見を求めることとなる。

家定の評価～二百余年の鎖国を解く

十三代将軍徳川家定は、父だった徳川家慶が抜擢《ばってき》した老中・阿部正弘に政治を任せていた。阿部正弘を抜擢したのは家慶であるが、その才能を認め、そのまま老中としたのは家定だった。

そこで、阿部正弘の経歴を追っておこう。正弘は、奏者番《そうじゃばん》、寺社奉行を経て、天保十四年（一五四三）閏九月、老中となっている。翌年七月、勝手掛《かってがかり》となり、海防掛の設置にともない、その一員となった。

さらに翌年二月、水野忠邦罷免後、老中首座の地位につき、内外の諸課題にあたっている。このようにみると、徳川家定は政治を阿部正弘に丸投げしていたような印象を受けるが、家定なりに海防の必要性は痛感していたようで、安政三年（一八五六）にはオランダから購入したゲベール銃を老中・若年寄に分け与え、防衛に全力をそそぐよう要望していたことが知られている。

また、家定は、阿部正弘とともに、江戸築地の講武所の構内に軍艦教授所を開き、幕臣や諸藩の藩士たちの訓練の場としており、海軍伝習所・洋学所の創設にも力を入れていた。中でも注目されるのは、安政四年（一八五七）、日米和親条約（神奈川条約）に基づいて、日本駐劄総領事に任命されていたハリスを江戸城において自ら引見していたことである。

ふつう、こうした総領事レベルでは将軍に謁見《えっけん》することはない。それを許したの、家定自らがハリスに会いたいという希望をもったからと思われる。海防に力を入れたこともそうであるが、アメリカとの交渉に自らも立ち会おうという家定の積極性をみることができるのではなかろうか。

幕府政治そのものに、外圧・外患という形での対外的危機が迫るなか、大藩との連合を模索する動きをみせていたことも注目されることがらである。

決断力 　統率力 

教養 　経済感覚 

構想力 

十四代　家茂《いえもち》

家茂は、紀州藩主《きしゅうはんしゅ》・徳川斉順《なりゆき》の次男として弘化《こうか》三年（一八四六）閏《うるう》五月二十四日、江戸の紀州邸で生まれた。幼名を菊千代《きくちよ》といった。斉順の死後、縁戚にあたる清水斉彊《しみずなりかつ》が紀州藩主となり、菊千代は翌弘化四年（一八四七）、斉彊の養子となった。

斉彊が亡くなり、長兄が死産だったため、菊千代が四歳で十三代紀州藩主となった。嘉永四年（一八五一）、元服して菊千代から慶福《よしとみ》に改めている。

安政《あんせい》五年（一八五八）七月、十三代将軍徳川家定《いえさだ》が亡くなり、慶福と一橋慶喜《ひとつばしよしのぶ》が後継候補となるが、結局、井伊直弼《いいなおすけ》らに推された慶福が十四代将軍となり、名を家茂に改めた。

しかし、その井伊直弼が安政七年（万延元、一八六〇）三月、水戸浪士の手によって桜田門外で討たれ、老中・久世広周《くぜひろちか》と安藤信正《あんどうのぶまさ》は公武《こうぶ》合体路線に転じ、孝明《こうめい》天皇の妹・和宮親子内親王《かずのみやちかこないしんのう》を将軍家茂夫人に迎え、幕府の補強をはかろうとした。

このあと、家茂は三度、上洛《じょうらく》することになるが、三度目の上洛のとき、第二次長州征伐《せいばつ》の指揮をとるなか、大坂で亡くなっている。

継嗣をめぐる政争

家茂《いえもち》は、紀州藩主《きしゅうはんしゅ》・徳川斉順《なりゆき》の次男として弘化《こうか》三年（一八四六）閏《うるう》五月二十四日、江戸の紀州邸で生まれた。母は家士・松平門晋の娘・美佐（操子、おみきの方）といった。

幼名を菊千代《きくちよ》といい、その出生のわずか十六日前に、実父の斉順は病没していた。その後、縁戚の清水斉彊《しみずなりかつ》が後継の十二代藩主となり、菊千代は弘化四年（一八四七）四月二十二日に、藩主・斉彊の養子となっている。このあたりは複雑なので、関係略系図を入れておいた。

ところが、その養父の斉彊が在職わずか三年で没してしまったのである。また、長兄は死産だったので、菊千代がわずか**四歳で十三代紀州藩主**となった。嘉永《かえい》二年（一八四九）のことである。同四年（一八五一）十月九日、元服《げんぷく》して従三位《じゅさんみ》・左近《さこん》衛権中将《えごんのちゅうじょう》に任じられ、それまでの菊千代を改め、慶福《よしとみ》と名乗った。十二代将軍徳

家茂をめぐる人物関係図

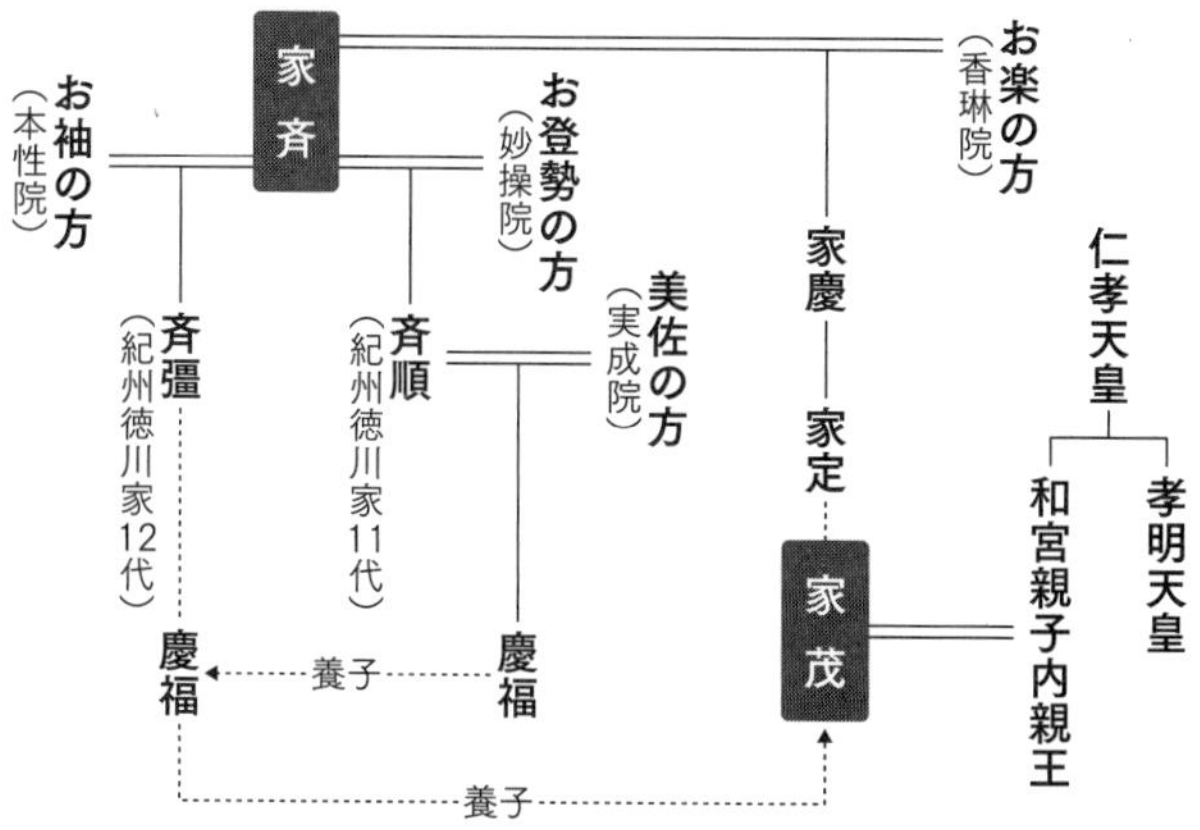

川家慶《いえよし》から〝慶〟の一字を与えられたものである。

元服式の日、菊千代がふとしたことから機嫌を損ね泣き騒いだとき、老中の阿部《あべ》正弘《まさひろ》がアヒルや小鳥を用意し、機嫌を直させたというエピソードが伝えられている。菊千代が鳥類好きという情報をつかんでいたからという。

安政《あんせい》五年（一八五八）七月、十三代将軍徳川家定《いえさだ》が亡くなった。家定には子どもがなかったので、早くから慶福と一橋《ひとつばし》慶喜《よしのぶ》の名前が後継候補としてあがっていたが、結局、一橋慶喜との将軍後継争いを制して世子《せいし》となったのは慶福だった。このとき、慶福は十三歳、慶喜は二十二歳だったが、若い慶福が井伊《いい》直弼《なおすけ》らに推されて十四代将軍の座につくことになり、名を家茂と改めた。同年十月二十五日のことで、十三歳の少年将軍の誕生である。

幕威回復を期待された婚礼

このいきさつからも明らかなように、家茂の将軍就任は井伊直弼の後押しによるものである。ちなみに、直弼が大老に就任したのはその年の四月二十三日のことで、直弼が絶大な権力をもっていたことと無関係ではない。

幕府は、井伊直弼を大老にあげ、慶福を将軍に立てるという強硬手段に出たわけであるが、さらに、独断で**日米修好通商条約**に調印した。もちろん、朝廷側はこの行為に怒り、特に雄藩《ゆうはん》連合派の大名や志士たちの間からきびしい直弼非難がまきおこった。[*1] これに対し、直弼はさらに強硬手段でのぞみ、徳川斉昭《なりあき》の処分、橋本佐《はしもとさ》

内《ない》・吉田松陰《よしだしょういん》ら志士の断罪を行ったのである。これが**安政の大獄《たいごく》**である。

ところが、その井伊直弼も安政七年（万《まん》延《えん》元、一八六〇）三月、水戸浪士の手によって桜田門外で討たれてしまった。強硬路線を突っ走ってきた直弼の死により、それまでの幕府による独裁の道は絶たれた形となった。すでに、天皇・朝廷の政治的権威は幕府としても無視できなくなり、結局、

＊1　将軍継嗣で井伊直弼ら南紀派に敗れた一橋派は、尊皇攘夷を主張する志士や公家らの暗躍によって獲得した「戊午《ぼご》の密勅《みっちょく》」で井伊直弼を弾劾しようとした。

老中・久世広周《くぜひろちか》と安藤信正《あんどうのぶまさ》は、孝明天皇の妹・**和宮親子内親王**《かずのみやちかこないしんのう》を将軍家茂の夫人に迎え、幕府の補強をはかろうとした。それまで、将軍の娘が天皇に嫁《とつ》いだことはあっても、その逆はなかったので、幕府としても宣伝効果はあると考えたのであろう。人質外交に似たこの和宮降嫁《こうか》に対し、朝廷内は反発したが、攘夷《じょうい》という方針では幕府と共通する考えの孝明天皇は、近い将来、攘夷を実行するとの幕府の上奏に応じ、最終的にこの婚姻を許可した。こうして、文久《ぶんきゅう》元年(一八六一)十月、和宮は中山道《なかせんどう》を江戸に下った。安藤信正が坂下門外で襲撃を受けて負傷し、身を引いたのはその少し後のことであった。なお、家茂と和宮の婚姻は文久二年(一八六二)二月十一日のことで、この年、家茂は十七歳だった。

寛永以来の将軍の上洛

さて、その家茂であるが、生涯で三度、上洛《じょうらく》をしている。将軍の上洛は寛永《かんえい》期の三

公武合体のしくみ

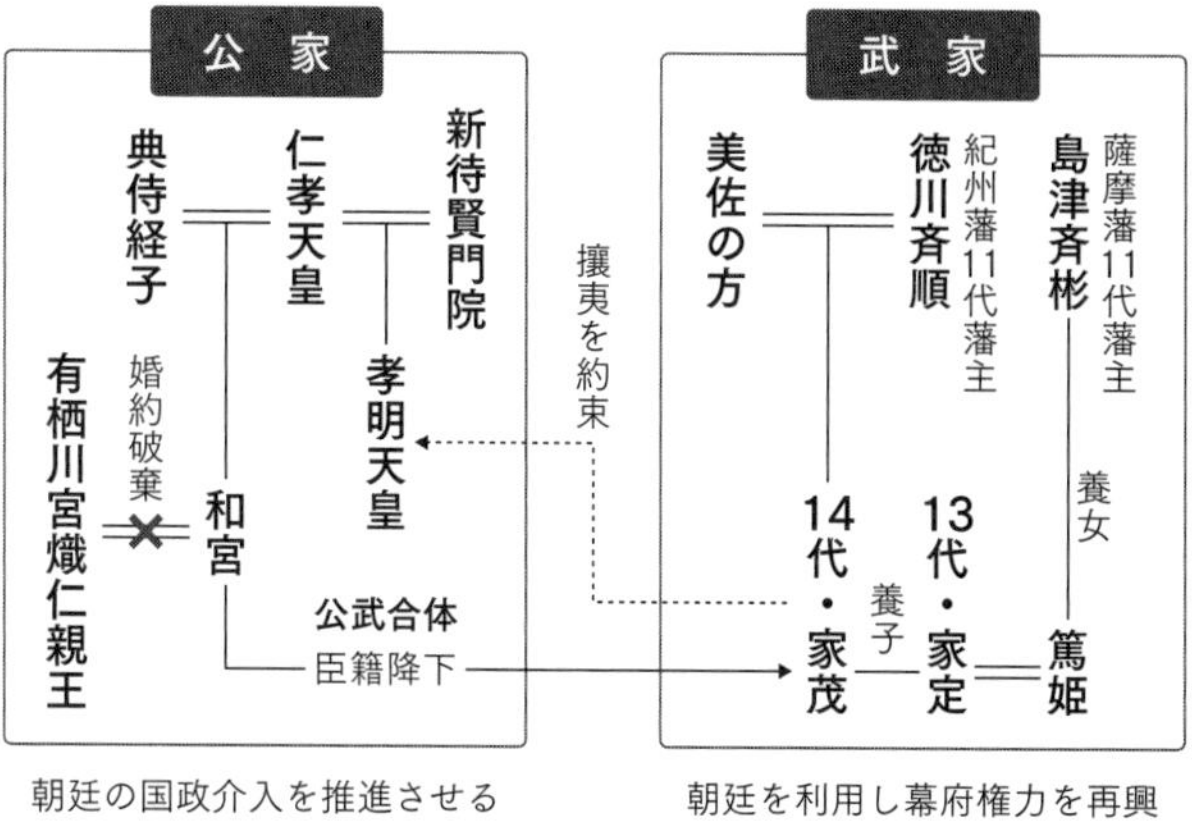

代将軍徳川家光《いえみつ》のとき以来で、まさに**二百年の慣例を破ってのもの**であった。

具体的にみると、一度目は文久三年（一八六三）のことで、二月十三日に江戸を発った家茂は三月四日に京都に着き、十一日に攘夷祈願のための加茂神社行幸に同行している。そのときは、家茂は朝廷に対し、五月十日を攘夷期限とする旨を回答し、江戸へもどっている。

同年八月十八日、御所でのクーデターにより、長州を中心とする尊攘派勢力が京都から一掃され、公武《こうぶ》合体派が活動を本格化した。そうした背景のもと、翌元治《げんじ》元年（一八六四）一月、家茂は二度目の上洛を行っている。家茂はこの上洛期間中、御所参内《さんだい》をこまめに行っているが、公武合体を推進する参予会議が、主義や意見の錯綜《さくそう》などによって解体し、結果的に家茂の再上洛は、幕府にとって何も成果はなく、五月に家茂は海路江戸へ帰還していった。

長州藩の討伐に将軍自らが出陣

家茂が去った直後の京都において、勢力の挽回を図る尊攘派が、六月五日の池田屋で新選組らに捕殺されるという事件がおきているのである。この事件が契機となり、長州勢が京都に進発し、七月十九日、御所を中心とした京都市中で戦闘状態に突入した。この戦いで長州勢は敗走する。**禁門《きんもん》の変**、すなわち蛤御門《はまぐりごもん》の変である。

長州軍の皇居への発砲に対する謝罪を求めて幕府がしかけたのが**第一次長州征伐《せいばつ》**である。最近では、幕長戦争ともよばれている。元治《げんじ》元年（一八六四）八月、幕府は征長総督として前々尾張藩主の徳川慶勝《よしかつ》を任命し、その指揮のもと長州藩を征伐しようとしたのである。ところが、このときは、ちょうど長州藩が四国艦隊（アメリカ・イギリス・フランス・オランダ）の下関《しものせき》砲撃に敗れたばかりであり、藩内保守派の台頭によって、幕府への恭順《きょうじゅん》の意を表したため、幕府軍は実際には戦うことなく、十二月に撤兵令を下している。こうして第一次長州征伐そのものは終息した。

そして、慶応《けいおう》元年（一八六五）閏五月二十二日、家茂は三度目の上洛をする。家茂は上洛直後、まず参内し、ついで大坂城に入った。**第二次長州征伐**の指揮をとるためである。

ところが戦いは幕府軍不利な状況で、はかばかしくない戦報が届けられるなか、家茂は翌慶応二年（一八六六）四月から胸痛を訴えていたが、持病の脚気も併発し、病床につくようになってしまった。そして、七月二十日、二十一歳の若さで没してしまうのである。

幕府はその死を伏し、一ヵ月後の八月二十日に死を公表している。遺骸は海路江戸に運ばれ、増上寺《ぞうじょうじ》に埋葬された。院号を昭徳院《しょうとくいん》という。

家茂の評価～公武合体路線へ移行

十四代将軍徳川家茂は、一橋慶喜との後継者争いに勝って将軍の座についたわけであるが、家茂のほうが慶喜よりも優れていたということではなく、また、家茂が積極的に動いたというわけではなかった。大老・井伊直弼の後押しがあったからである。

十三代将軍徳川家定が亡くなった安政五年（一八五八）前後の数年は幕府政治を揺るがすできごとが続いていた。その発端は、嘉永《かえい》七年（安政元年・一八五四）にアメリカとの間に日米和親条約が結ばれたことである。しかも、この条約締結はただアメリカだけでは済まず、イギリス・ロシア・オランダとも結ぶことになり、それまで〝祖法〟として守り通してきた鎖国《さこく》政策をとり続けることが不可能となった。

さらに、アメリカからは通商条約を求める声が強くなり、交渉にあたった老中・堀《ほっ》田正睦《たまさよし》は「締結やむなし」の態度を固め、条約調印の勅許《ちょっきょ》を求めた。しかし、当時の朝廷は攘夷の風潮が強く、孝明天皇は条約調印を認める勅許を出さなかったのである。

そこで安政五年（一八五八）六月、幕府は勅許が得られないまま日米修好通商条約に調印している。そのときの幕府の最高責任者が大老の井伊直弼であった。その井伊直弼の後押しで将軍になったのが家茂だったのである。

その後、桜田門外の変で井伊直弼が殺されたことで、それまでの幕府による独裁の道は絶たれ、公武合体路線に転じ、家茂は正室として孝明天皇の妹・和宮親子内親王を迎えている。家茂の意思にかかわりなく、老中の久世広周・安藤信正らによって推進されたわけで、おそらく、家茂は、将軍としての自らの意思を表明する場もなかったのではないかと思われる。

老中たちの意向に沿って動かされ、最終的には三度目の上洛で命を落とす悲劇の将軍といった印象がある。

決断力 
統率力 
教養 
経済感覚 
構想力 

十五代 慶喜《よしのぶ》

慶喜は、天保《てんぽう》八年（一八三七）九月二十九日、徳川御三家《ごさんけ》の一つ水戸の徳川斉昭《なりあき》の七男として生まれた。幼名を七郎麻呂《しちろうまろ》といい、ついで昭致《あきむね》と名乗った。のち、御三卿《ごさんきょう》の一つ一橋《ひとつばし》家の一橋昌丸《まさまる》の養子となり一橋慶喜となっている。

嘉永《かえい》六年（一八五三）六月、十二代将軍徳川家慶《いえよし》が没し、病弱な徳川家定《いえさだ》が十三代将軍となったが、このとき、幕政に参加することを目論んだ雄藩《ゆうはん》連合の大名たちは、病弱な家定将軍の継嗣《けいし》に慶喜を推し、これに対抗して紀州《きしゅう》の徳川慶福《よしとみ》を推す井伊直弼《いいなおすけ》ら譜代《ふだい》親藩連合と対立することになった。

結局、井伊直弼らが推す慶福が十四代将軍家茂《いえもち》となったが、その家茂が慶応《けいおう》二年（一八六六）七月二十日、大坂で亡くなったため、松平慶永《まつだいらよしなが》・松平容保《かたもり》らに推され、慶喜が徳川宗家《そうけ》を継ぐことになった。そして、その年十二月五日、将軍宣下《せんげ》を受け、十五代将軍となった。

その慶喜によって大政奉還《たいせいほうかん》、さらに戊辰《ぼしん》戦争へと進み、慶喜は江戸寛永寺《かんえいじ》の大慈院《だいじいん》に蟄居《ちっきょ》し、恭順《きょうじゅん》の意を表し、ついで水戸に退き、さらに、徳川宗家を継いだ田安亀之助《たやすかめのすけ》（徳川家達《いえさと》）について駿府《すんぷ》に退いている。駿府改め静岡の地でおよそ三十年間を過ごした。

御三卿一橋家を相続

慶喜《よしのぶ》は、天保《てんぽう》八年（一八三七）九月二十九日、徳川御三家《ごさんけ》の一つ水戸の徳川斉昭《なりあき》の七男として生まれた。母は斉昭の正室《せいしつ》・吉子《よしこ》である。吉子は有栖川宮織仁親王《ありすがわのみやおりひとしんのう》の娘で、その意味で慶喜は公武《こうぶ》合体の結果生まれた「**公武合体の申し子**」だったといってもよい。

幼名を七郎麻呂《しちろうまろ》といい、次いで斉昭から一字を与えられ昭致《あきむね》と名乗った。

斉昭は昭致をかわいがり、もしものときのために水戸徳川家の世子《せいし》として残しておきたいと考えていたが、御三卿《ごさんきょう》の一つ一橋《ひとつばし》家への養子の話が出た。これは十二代将軍徳川家慶《いえよし》のお声がかりだったといわれている。家慶の正室・喬子《たかこ》は有栖川宮家の出で、吉子の実姉である。つまり、昭致は家慶の甥《おい》になるわけで、老中・阿部正《あべまさ》弘《ひろ》もこの養子縁組に賛成したため、一旦は辞退の意向を示した斉昭も、結局はこの養子縁組を受諾している。

弘化《こうか》四年（一八四七）八月、江戸に到着した昭致は九月一日、一橋家を相続した。十月一日、江戸城で将軍に謁見《えっけん》し、五日には一橋邸に入っている。ついで十二月一日、元服《げんぷく》し、再び登城して、従二位《じゅにい》・左近衛権中将《さこんえごんのちゅうじょう》に叙任《じょにん》、刑部卿《ぎょうぶきょう》と称し、家慶の〝慶〟の一字を与えられ慶喜と改めた。

一橋家に入ってからも、当初は斉昭をはじめ水戸家の様々な影響を受けていたが、成長するにつれ、水戸家の殻から脱皮し、全国的見地をもって判断する気持ちが勝っていくようになった。

たとえば、ペリー来航の嘉永《かえい》六年（一八五三）、政治の表舞台にはまだ登場していない段階であったが、慶喜は、自分の名が**将軍継嗣《けいし》問題**で浮上していることを知ると、斉昭にその差し止めを願ったりしているのである。

なお、慶喜は、嘉永元年（一八四八）、一条忠香《いちじょうただよし》の養女・千代君《ちよぎみ》と婚約したが、千代君の病気により解消し、同六年（一八五三）、一条忠香の養女・延君《のぶきみ》（美賀《みか》、明治期に美賀子）と婚約し、安政《あんせい》二年（一八五五）十二月三日、結婚している。また、同日には参議《さんぎ》に任じられ、十八日には大奥へ婚礼のお礼言上に上っている。

このころから慶喜は積極的に表に出て、交際範囲を広げている。幕臣で能吏《のうり》と評判の川路聖謨《かわじとしあきら》と親交を深め、島津斉彬《しまづなりあきら》と会談したり、老中・阿部正弘とも交流している。

嘉永六年（一八五三）六月、十二代将軍徳川家慶が没し、病弱な徳川家定《いえさだ》が十三代将軍となった。このとき、幕政の参加を目論んだ雄藩《ゆうはん》連合の大名たちは、家定の継嗣に慶喜を推し、これに対抗して紀州の徳川慶福《よしとみ》を推す井伊直弼《いいなおすけ》ら譜代《ふだい》親藩連合と対立することになった。いわゆる**一橋派と南紀《なんき》派の対立**である。

開国か攘夷《じょうい》かという国是《こくぜ》に関した決定には朝廷の許可が必要だと主張するのが一橋派で、慶喜も一方で父斉昭の行動を牽制《けんせい》しつつも、結局は南紀派の総帥《そうすい》・井伊直弼とは対決姿勢をとりはじめたのである。

対立が続くなか、安政五年（一八五八）四月には井伊直弼が大老に就任し、六月には将軍継嗣は紀州の慶福に決し、日米修好通商条約が調印され、紀州派の勝利、一橋派の敗北という結果が出てしまった。慶喜は登城停止となり、一橋派も謹慎処分を受けているのである。

フランスの支援下で幕政を改革

ところが、その二年後、井伊直弼が暗殺され、幕府が公武合体の方針に転ずるに至り、慶喜は謹慎が解かれ、文久二年（一八六二）七月、改めて一橋家を再相続し、将軍家茂《いえもち》の**後見役**《こうけん》**（将軍後見職）**となった。そして、慶応《けいおう》二年（一八六五）七月二十日、大坂城で家茂が病死するにおよび、松平慶永《まつだいらよしなが》・松平容保《かたもり》らに推され、徳川宗家を相続することになった。わかりやすく図示すると次のようになる。

御三家水戸徳川家	斉昭――昭致
御三卿一橋家	昌丸＝慶喜
徳川宗家	家茂＝慶喜

＝は養子相続

このように、家名の三段跳びによって慶喜は徳川宗家《そうけ》を継ぎ、その年十二月五日、将軍宣下《せんげ》を受けている。徳川最後の将軍の誕生である。

慶喜は、フランス語を学び、フランス料理も食べたりしていたので、世間からは**「フランスかぶれ」**などと陰口もたたかれていた。事実、ナポレオン三世から贈られた軍服を着た写真も残されている。

「フランスかぶれ」となるにあたっては、フランス公使**レオン・ロッシュ**との交流が大きな意味をもっていたものと思われる。将軍になって少したった慶応三年（一八六七）二月六日と七日の両日、慶喜は大坂城でロッシュとかなり長時間の意見交換を行ったことが知られている。この会談で、ロッシュはフランス政府を代表し、「フランスは全力をあげて幕府を支援しよう」といっている。さらに、「諸大名の力を削ることが必要だ」といっているのである。

おそらく、この会談で、慶喜はフランスとの連携による幕政・軍政の改革に着手する決意を固めたのであろう。そして、そのような思惑と**大政奉還**《たいせいほうかん》*1の申し出とは連動していたはずである。

慶応の改革

五局制の採用

幕閣の担当部署を内国事務、会計、外国事務、陸軍、海軍の五局に分け、事務総裁にそれぞれ老中を任命。老中首座が五局を統括する。

フランス式に軍を再編成

旗本や御家人に一律に銃を持たせることで銃隊中心の軍団編成への移行を図った。

製鉄所・造船所の建設

慶応元年、横須賀製鉄所が開設。後に造船所となり、明治以降も多くの軍艦を生み出した。

＊1　大政とは政治の実権をさす。大政奉還とは、土佐脱藩の坂本龍馬が示した「船中八策」を、土佐藩の後藤象二郎が引き継ぎ、前藩主の山内容堂に奏上。容堂が慶喜に建白したもので、政権を朝廷に返上するものだった。

フランスから贈られた軍服姿の第15代将軍徳川慶喜の写真／茨城県立歴史館所蔵、時事通信フォト

大政奉還で徳川家の存続を賭ける

そのころ、慶喜の周りにはヨーロッパ帰りのブレーンがいた。津田真道《つだまみち》と西周《にしあまね》である。特に西は慶喜にフランス語を教えており、フランスやイギリス、オランダの事情に通じていた。

周知の通り、大政奉還は慶応三年（一八六七）十月十四日のことであるが、慶喜がそれを決意表明したのはその前日、すなわち十月十三日のことといわれている。実はその日、慶喜は西周をよんで、ヨーロッパにおける三権分立の状況や議会制度のことなどのレクチャーを受けていたのである。つまり、将軍でなくても、日本の政界のトップに立ち続ける可能性についての確信をもったものと思われる。それがいわゆる「**大君制**《たいくんせい》」である。

この「大君制」は西周の「議題草案」（『西周全集』第二巻）から明確に読み取ることができるが、要点をかいつまんでみると次のようになる。

まず、政府の元首《げんしゅ》を大君とし、これには前将軍、すなわち慶喜がなる。そして、その下に全国事務府・外国事務府・国益事務府・度支《たくし》事務府などを置く。大名はその宰相となる。

これら行政機関とは別に立法機関として二院制の議政院を設ける。これがそれまでの日本の政治組織にはなかったところである。上院は、大君を総領として大名がそのまま議員となり、下院は諸藩の藩士から一名ずつを選んで構成するというわけである。

不十分ではあるが、三権分立と議会制を構想していたことがうかがわれるし、何より「将軍」はなくなるが、そのまま徳川氏主導の政府が続くしくみであった。慶喜が大政奉還に応じたのは、そうした目論見を抱いていたからだったのである。

では、この「大君制」はその後どうなってしまったのだろうか。本来ならば、その方向で進むべきところ、そのようにはならなかったのである。

理由の一つは、慶喜が大政奉還をしたまさにその日、慶応三年（一八六七）十月十四日、**討幕の密勅《みっちょく》**が出されていることである。討幕勢力側に、武力で幕府を倒そうという動きが極限まで進んでいたことを物語っている。ただ、このときは、薩摩《さつま》藩の出兵が遅れたため、すぐに実力行使とはいかなかったが、密勅を受けた薩摩藩・長州藩では、「大君制への移行などもってのほか」という意識があったことはまちがいない。

理由のもう一つは、諸大名に動揺というか躊躇《ちゅうちょ》があったことである。「大君制」への移行、二院制のスタートとなると、藩主たちの承認が必要となる。この時期、すでに慶喜に諸大名を招集する権限はなく、むしろそれは朝廷が握っていた。しかし、その朝廷は、従来通りの形が続くような「大君制」への移行を積極的に推進す

慶喜が目指した「大君制国家」

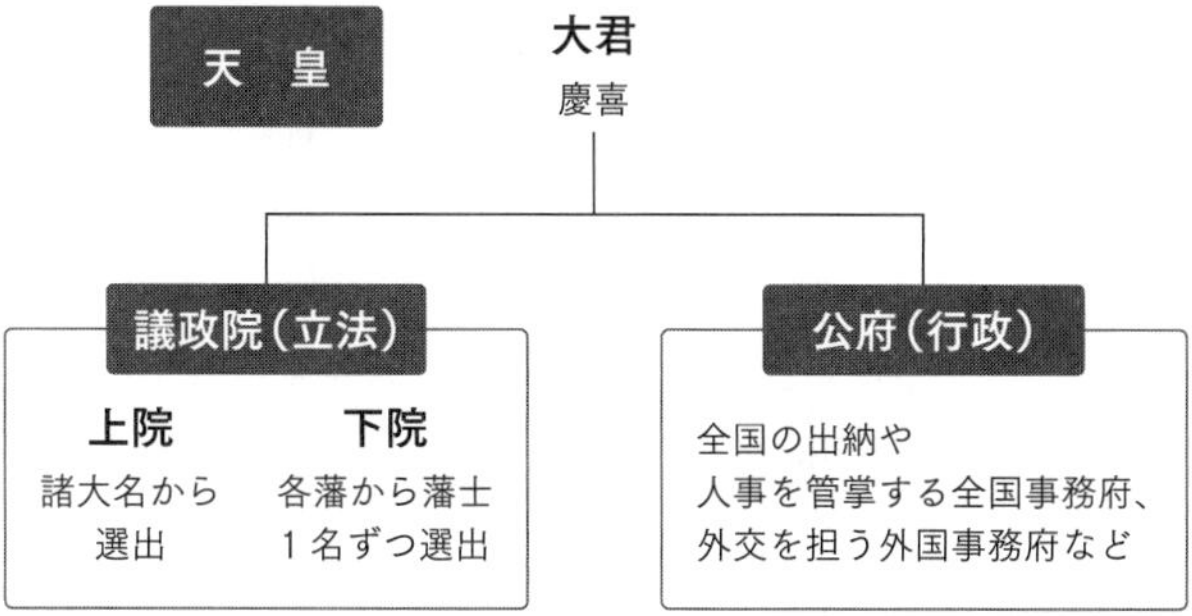

るはずはなく、政権構想が示されただけで、その是非を論じる機会は、ずるずると先延ばしにされてしまったのである。

そして、決定的だったのは、そうやって先延ばしにされているうちに、武力討幕派が、十二月九日、王政復古《おうせいふっこ》のクーデターを決行する。ここにおよんで、慶喜の政権構想は、文字通り、絵に描いた餅となってしまったのである。

これは、慶喜にとっては予想外の、まさに計算外の展開であった。薩摩藩・長州藩、そして**岩倉具視《いわくらともみ》**らを中心とする公家は、「大君制への移行、二院制の開始では、将軍がただ大君と名を変えるにすぎない」と反発を強め、まきかえしをねらっていた。そして、明治天皇をかつぎ出すかたちで、十二月九日、いわゆる**「王政復古の大号令」**を発したのである。

戊辰戦争開戦前夜の対立

「大政復古の大号令」が発せられた宮中の学問所は、**西郷隆盛**《さいごうたかもり》が指揮する薩摩藩以下、諸藩の藩兵が宮門を固めていた。ただ将軍職を廃止したのではなく、摂政《せっしょう》・関白《かんぱく》をはじめ、議奏《ぎそう》・武家伝奏・京都守護職・京都所司代《しょしだい》などが廃止され、新たに**総裁**《そうさい》**・議定**《ぎじょう》**・参与**《さんよ》の三職が置かれることになった。[*2] ひき続いて同日の夜、宮中の小御所《こごしょ》で会議が開かれた。**小御所会議**である。そのねらいは、慶喜に対する辞官・納地の決定を下すことであった。

将軍職は廃されても、慶喜はこのとき内大臣《ないだいじん》であり、内大臣は廃されていなかったので、そのままでは慶喜が新政府中枢《ちゅうすう》に残ってしまう可能性があった。

小御所会議に出席していた土佐藩の山内豊信《やまうちとよしげ》・福井藩の松平慶永は公武合体路線

の立場でこの会議に出席していたので、露骨な慶喜はずしの策謀に気がつき、猛烈に反対したが、まわりは薩摩藩の兵などが固めているなかでもあり、どうにもならず、押し切られる形となった。**大久保利通**《おおくぼとしみち》と岩倉具視がシナリオを書いた王政復古のクーデターがみごとに成功したわけである。

結局、慶喜の辞官、すなわち内大臣の辞退と、納地、すなわち所領の返上が、慶喜の意思にまったくかかわりなく決定されてしまった。この王政復古のクーデターがあった十二月九日、慶喜は京都の二条城にいた。おそらく辞官・納地の決定を、はらわたの煮えくりかえる気持ちで聞いたものと思われる。

しかし、すぐには戦うという判断を下さなかった。薩摩藩兵がかなりの数、京都に集結していたからである。慶喜は十三日、兵を率いて大坂城に移っている。幕府

＊2　総裁は有栖川宮熾仁親王、議定には公家のほか、薩摩藩の島津忠義、尾張藩の徳川慶勝、広島藩の浅野長勲、福井藩の松平春嶽、土佐藩の山内容堂がつき、参与には岩倉具視や大久保利通、西郷隆盛らが選ばれている。

軍が去ったのと入れかわりに長州藩兵が続々と京都に集結し、京都は、薩摩藩兵・長州藩兵に占拠される形となったのである。

それに対し、幕府軍は大坂に集結しはじめた。**戊辰戦争**《ぼしん》がはじまるのは、それから少しした年明けの一月三日であった。慶応四年、すなわち明治元年（一八六八）の干支が戊辰だったことから、幕府軍と討幕軍（新政府軍・官軍）の戦いを戊辰戦争とよんでいる。

静かな幕引き

鳥羽《とば》・伏見《ふしみ》の戦い[*3]で幕府軍が敗れると、慶喜は江戸に帰り、寛永寺《かんえいじ》の大慈院《だいじいん》に蟄居《ちっきょ》し、恭順《きょうじゅん》の意を表している。

さらに、江戸開城後は一時、水戸弘道館《こうどうかん》に退いたが、戊辰戦争の余波が水戸におよぶのを恐れ、また、宗家を相続させた田安亀之助《たやすかめのすけ》（徳川家達《いえさと》）が駿府《すんぷ》七十万石に封じられることになったので、その年、すなわち明治元年（一八六八）七月、慶喜は水戸から駿府に居を移しているのである。

ちなみに、駿府は駿河府中の略で、府中の読みが「ふちゅう」で、これは「不忠」に通ずるというわけで、「新政府に不忠では申しわけない」と、**静岡**に名を変えたのもこのころのことである。駿府の町の背後にある賎機山《しずはたやま》から、賎ヶ丘と改名しようとしたとき、「賎という字はいかがなものか」と横槍《よこやり》が入り、静岡に決まったといういきさつがあった。

静岡で慶喜が最初に入ったのは宝台院《ほうだいいん》という寺で、これは、二代将軍徳川秀忠《ひでただ》を産んだ徳川家康の側室《そくしつ》・西郷局《さいごうのつぼね》、すなわち於愛《おあい》の方の菩提寺《ぼだいじ》だった。そこで謹慎《きんしん》

＊3　旧幕府軍が大坂から京都に向かう途中、京都南郊の鳥羽・伏見で新政府軍と衝突。新政府軍が錦の御旗（天皇が朝敵を討伐する官軍の大将に与える旗）を掲げ、旧幕府軍が朝敵となってしまう。新政府軍は慶喜の本営がある大坂城に向けて進撃。これに対し、慶喜は松平容保、松平定敬らとともに開陽丸で江戸に向けて脱出する。

生活を続けたわけであるが、謹慎が解かれると紺屋町《こうやまち》の元駿府代官所屋敷に移っている。ここは現在、**浮月楼**《ふげつろう》という料亭になっていて、慶喜が住んでいたころの庭園が少し狭くなっているがそのまま残っている。なお、慶喜自身はそののち、近くを東海道線が通ることになったとき、静けさを求めて西草深町《にしくさぶかちょう》のほうに移っている。

静岡での慶喜は、形の上では家督《かとく》を家達に譲っているので、文字通りの隠居《いんきょ》生活であった。政治の第一線からは退き、狩猟を楽しみ、写真機を持って静岡郊外の田園風景などを撮ってまわり、絵を描いたり、この時代にしては珍しい自転車を乗りまわし、趣味に生きた感じである。

慶喜は将軍であったときには三十人の側室《そくしつ》をもっていたが、静岡に移るにあたって、最もお気に入りだったお幸《さち》とお信《のぶ》の二人だけを連れてきた。そして、静岡滞在中に、この二人の側室に二十人以上の子どもを産ませていた。

慶喜はこの静岡で明治三十年（一八九七）まで三十年間生活する。その間、同十三年（一八八〇）には正二位《しょうにい》、同二十一年（一八八八）には従一位《じゅいちい》となったが、公職につくことは固辞し続け、ようやく東京にもどったあとの同三十五年（一九〇二）に公爵となり、貴族院議員にもなっている。

明治四十三年（一九一〇）十二月、家督を側室・お信が産んだ七男の慶久《よしひさ》に譲り、大正二年（一九一三）十一月二十二日に没している。墓は谷中《やなか》墓地にある。

徳川慶喜（狩猟姿）／徳田孝吉撮影・松戸市戸定歴史館所蔵

慶喜の評価～「大君制」の移行に失敗した最後の将軍

十五代将軍徳川慶喜は、結果として最後の将軍となってしまうわけであるが、将軍職についた時点では、まさか自分が最後になるとは思っていなかったろう。

十四代将軍徳川家茂の急死をうけ、松平慶永・松平容保らに推されて将軍になったわけであるが、家茂と将軍の座を争い、また、家茂将軍の後見役、すなわち将軍後見職についていたわけなので、順当な将軍職継承だったといってよい。

その慶喜が大政奉還という思い切った行動に出るわけであるが、その行動が正しかったのかどうか、このあたりが慶喜の評価の分かれ目となる。

慶喜は側近の一人西周から「大君制」の話を聞いていた。これは、将軍でなくても、日本の政界のトップに立ち続けることができるという考えである。ヨーロッパの進んだ三権分立や議会制度のことなどを聞き、議会制への移行を模索したのである。政府の元首を大君とし、これには前将軍である慶喜自身が就任するというもので、諸大名を議員とする議会のトップに立つということで、名称は将軍ではなくなるが、今まで通りの政治体制が守られるという構想だった。

しかし、現実にはそうはならなかった。結果論であるが、準備不足だったことは否めない。しかも、薩摩藩・長州藩の倒幕勢力の存在を甘くみていたという側面も指摘されている。結局、王政復古のクーデターが決行されるにおよび、「大君制」への移行は不可能となってしまった。

さらに、慶喜の評価を落とす結果となったのが戊辰戦争で、鳥羽・伏見の戦いに敗れると、そのまま江戸に逃げ帰ってしまったことである。徹底抗戦しなかったことで犠牲を最小限にくいとめたというプラス面の評価もあるが、このあたりの評価は分かれるところかもしれない。

決断力 　統率力 

教養 　経済感覚 

構想力 

おわりに

本書を書き終えて気づいたことがいくつかある。一つは、歴代将軍十五人のうち、何人かが幼くして将軍になったり、病弱、中には正座ができなかったり、言語不明瞭な将軍もいたという事実である。どちらかといえば、健全な将軍ではなく、マイナーな将軍が何人もいたということは、これまであまり取り上げられることがなかったように思われる。

本文のなかでもふれたが、七代家継はわずか五歳で将軍職を継いでいる。そんなに幼くても将軍としてやっていけたのが江戸時代である。これについて思い起こされるのが関ヶ原の戦いで、慶長三年（一五九八）豊臣秀吉が亡くなったとき、子の秀頼がわずか六歳だったことが、関ヶ原の戦いの発端となったのは周知の通りである。

このとき、石田三成が、「秀頼君が幼くてもまわりが盛り立てていけばやっていける」と豊臣家世襲路線を打ち出したのに対し、「天下は力あるもののまわり持ちである」と挑んだのが徳川家康だった。結果、家康が勝ったことから、石田三成を悪くいう人は、「三成が負けるとわかっている戦いをしかけたから豊臣家は早く滅んでしまった」と非難するが、三成は根も葉もないことを口にしたわけではない。江戸時代には、五歳の幼君でも立派に将軍としてやっていけたのである。また、トップである将軍が虚弱だったり、言語不明瞭でも、将軍としての地位を全うできたのは、それを支えるシステムができあがっていたからにほかならない。

そこで、気づいた点の二つ目ということになるが、やはり、初代家康の偉大さである。織田家が信長・信忠二代で滅び、豊臣家も秀吉・秀頼二代で滅びたのに対し、なぜ、徳川家が十五代続いたかという点に関わる。これは、関ヶ原の戦いの位置づけとも関係するが、家康が関ヶ原の戦後処理を考えに考え、盤石な長期安定政権をつくりあげたことである。改めて初代家康の偉大さに光を当てることができたのではないかと考えている。

小和田哲男（おわだ・てつお）
1944年、静岡市生まれ。早稲田大学大学院文学研究科博士課程修了。静岡大学教育学部教授を経て、現在、同大学名誉教授。文学博士。公益財団法人日本城郭協会理事長。
専門は日本中世史。NHK総合テレビ「歴史探偵」およびNHK Eテレ「知恵泉」などに出演し、わかりやすい解説には定評がある。また、戦国時代史研究の第一人者として、NHK大河ドラマ「秀吉」「功名が辻」「天地人」「江～姫たちの戦国～」「軍師官兵衛」「おんな城主 直虎」「麒麟がくる」「どうする家康」の時代考証を担当している。『日本の歴史がわかる本』シリーズ（三笠書房）、『戦国武将の実力』（中公新書）など著書多数。

本作品は当文庫のための書き下ろしです。

だいわ文庫

徳川《とくがわ》15代《だい》の通信簿《つうしんぼ》

著者 小和田哲男《おわだてつお》

二〇二三年一月一五日第一刷発行

発行者 佐藤 靖
発行所 大和《だいわ》書房
東京都文京区関口一－三三－四 〒一一二－〇〇一四
電話 〇三－三二〇三－四五一一

フォーマットデザイン 鈴木成一デザイン室
本文デザイン 奥定泰之
本文イラスト 中川 学
本文図版 さかがわまな(Isshiki)
本文印刷 厚徳社
カバー印刷 山一印刷
製本 ナショナル製本

ISBN978-4-479-32042-5
乱丁本・落丁本はお取り替えいたします。
https://www.daiwashobo.co.jp